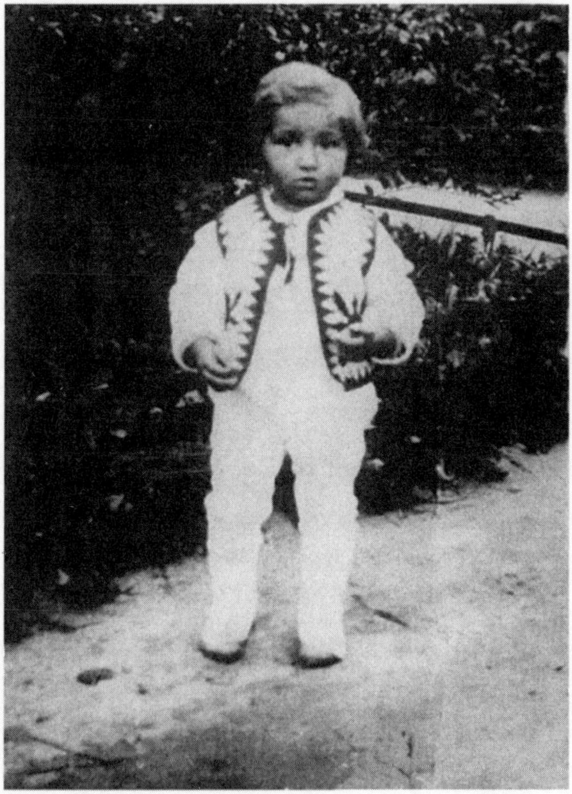

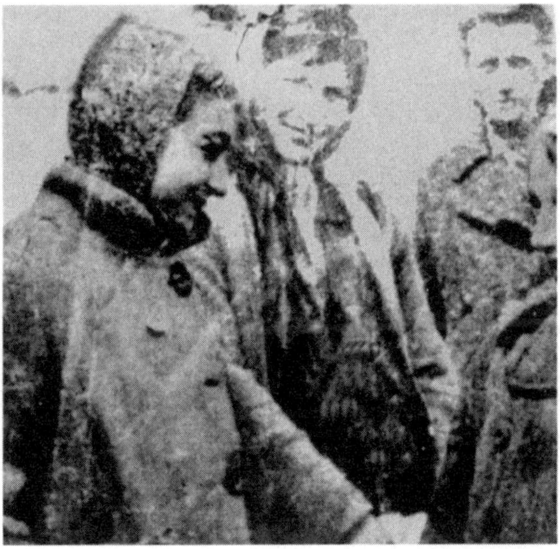

Oben: Schweden 1945
Umseitig: Krakau 1936

Anita Lobel

Das Versteck auf dem Dachboden

Eine Kindheit in Polen

Deutsch von
Ilse Strasmann

Atrium Verlag · Zürich

Atrium Verlag, Zürich 2000

Published by Arrangement with William Morrow & Company, Inc.
Die Originalausgabe erschien 1998 bei Greenwillow Books,
New York / N.Y.,
unter dem Titel *No Pretty Pictures. A Child of War*
Aus dem Amerikanischen von Ilse Strasmann
Alle Fotos sind Eigentum von Anita Lobel
Einbandgestaltung: Buchholz / Hinsch / Hensinger
Gesamtherstellung Clausen & Bosse, Leck
Printed in Germany 2000
ISBN 3-85535-938-5

Zu den Namen in diesem Buch

Polnische Substantive ändern ihre Form bei der Verkleinerung. So ist zum Beispiel die Koseform von Mama Mamusia, die von Niania (der Kinderfrau der Autorin) Nianiusia. Die liebevolle Verkleinerung von Vater ist Tatuś. In der Anrede enden diese Wörter auf -u, also Mamusiu, Nianiusiu, Tatusiu.

Der Vorname der Autorin lautete Aneta. Verwandte Formen sind Anna, Hana oder Hanka. In diesem Buch wird sie als Hanusia oder (in der Anrede) Hanusiu bezeichnet. In Schweden wurde später Anita daraus.

Deutsche Wörter und Sätze, die im Original kursiv gesetzt wurden, erscheinen auch in der deutschen Ausgabe kursiv, desgleichen polnische oder schwedische Sätze oder Wörter, mit Ausnahme von vertrauten Anreden.

Meinem Bruder und
dem Andenken an Niania
gewidmet

Inhalt

Prolog

Ich bin in Polen geboren, in Krakau. Am falschen Ort zur falschen Zeit. Als Jugendliche kam ich nach Amerika, nach New York, wo ich seither lebe. Damals war ich Kunststudentin. Ich bin Malerin geworden. Textildesignerin. Ich male Bilder.

Das Ausdenken und Malen von Bildern für Kinderbücher hat mein berufliches Leben mehr als dreißig Jahre lang bestimmt. Aber Illustratorin musste ich erst einmal werden. Die Gelegenheit bot sich im Jahr 1964, als Susan Hirschman, eine engagierte Verlagslektorin und sehr liebe Freundin, mir vorschlug, es mit einem Bilderbuch zu versuchen. Sie muss etwas gewusst haben, worauf ich selbst nie gekommen wäre. Es war ein edles Handwerk und eine Herausforderung an die bildende Künstlerin in mir.

Ich habe eine verschwommene Erinnerung daran, dass mir mein Kindermädchen oder eine andere Erwachsene vorlas, als ich noch sehr klein war. Mit fünf konnte ich selbst lesen. Ich weiß noch genau, wie ich auf dem länglichen, lappigen, dünnen braunen Papier, das mehr wie eine Zeitung als wie eine Seite aus einem Bilderbuch aussah, einen vollständigen polnischen Satz entzifferte. *Ola i Olek mają jajko.* (Ola und Olek haben ein Ei.) Darüber war ein Bild von einem Mädchen und einem Jungen, die erfreut ein Ei betrachten, das in einem Eierbecher vor ihnen auf dem Tisch steht.

Ich erinnere mich, dass jemand sagte, ich sei ein verwöhntes Kind. Vermutlich hätte ich das konventionelle, bildungsbürgerliche Dasein eines Mädchens der jüdischen Mittelklasse in einer ostmitteleuropäischen Stadt geführt, wenn nicht Hitlers Truppen die Erwartungen und Aussichten unserer zwar nicht reichen, aber sorgenfreien Zukunft zerstört hätten.

Als ich noch sehr klein war, spielten meine Eltern keine zentrale Rolle in meinem Leben, besonders meine Mutter nicht. Meinen Vater, einen eleganten, gut gekleideten Herrn mit einem wundervoll sauberen Duft auf Haaren und Hals, betete ich an. Er war in mich vernarrt. Die Person aber, die ständig an meiner Seite war, war meine Kinderfrau. Ich liebte sie sehr.

Als mit dem Zweiten Weltkrieg Ereignisse, die keiner der Erwachsenen um mich herum kontrollieren konnte, über uns hinwegfegten, begann ich es schnell als selbstverständlich anzusehen, dass sich das Leben immer am Rande des Abgrunds oder im Schatten schrecklicher Bedrohung abspielte. Noch heute werde ich misstrauisch, wenn das tägliche Leben allzu verschlafen abläuft. Dann beginne ich, künstliche Krisen heraufzubeschwören, einen Sturm im Wasserglas.

Ich war gerade fünf Jahre alt, als der Krieg anfing. Erst sehr viel später dämmerte mir, welche Schrecken und grässlichen Verluste voll bewusste Menschen in all diesen Jahren des Entsetzens durchgemacht haben müssen. Als eine Frau, die im Leben das Recht auf kluge und dumme Entscheidungen gehabt hat, die Kleidung und Nahrung bekommen und Besitz und Erinnerungen gesammelt hat, die ruhige Zeiten und die Sicherheit von Terminen und Plänen und Tagesroutinen und Ferien und Arbeit und Weihnachtsfesten erlebt hat, weine ich um alle die, die damals erwachsene und denkende Menschen waren und in der Lage, zu erkennen und zu fühlen, was ihnen genommen wurde.

Kindheit ist selbst unter günstigsten Bedingungen schwierig. Ich schaue Kinder an, die in glücklichen Zeiten aufwachsen, und sehe kleine Menschen mit wissendem Blick, die der Gnade großer Leute ausgeliefert sind, die keine Ahnung haben, was sie tun. Es geht vielleicht zu weit, wenn ich ein friedliches Leben mit den Eltern in einem hübschen Haus mit Wohnzimmer, Schlafzimmern, Badezimmern und einer Küche mit gefülltem Kühlschrank vergleiche mit dem mühsamen Sich-Durchschlagen und Überleben in der Welt des Krieges. Es ist aber auch langweilig sowie sehr gefährlich, sich hochmütig in Gewand und Würde eines Opfers zu hüllen. Ich habe sehr viel mehr Jahre gut gelebt und mich mit erfreulichen und interessanten Dingen beschäftigt, als ich damit verbracht habe, den Nazis zu entkommen oder Flüchtling zu sein.

Im Laufe der Zeit haben mich viele Menschen gebeten, meine Erinnerungen an die frühen Jahre meines Lebens niederzuschreiben. Ich habe diese Aufgabe gescheut. Ich habe mich gesträubt. Als ich jetzt diese Geschichte doch festhielt, habe ich mich in eine Zeit zurückversetzt, in der alles in meiner Welt zertreten und vernichtet wurde. Eine Zeit, aus der ich nur wenige schöne Bilder in Erinnerung habe.

Polen

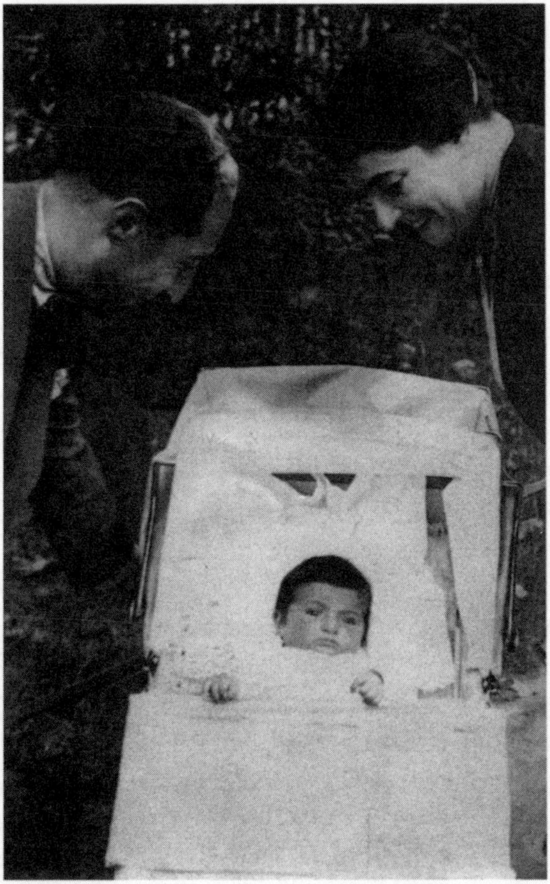

Meine Mutter und mein Vater lächeln auf mich (im Kinderwagen) herab. Ich muss vier oder fünf Monate alt gewesen sein. Krakau 1934

1. Kapitel

An einem Septembertag vor langer Zeit sah ich von unserem Balkon aus zu, wie die Deutschen in unsere Stadt einmarschierten. Sie gingen im Gleichschritt, mit glänzenden Stiefeln, ihre Helme schimmerten im Sonnenlicht und ihre Bajonette blitzten. Sie sangen ein Marschlied. Ich verstand die Wörter nicht, die zwischen den Häusern widerhallten. Während ich den Kopf zwischen den Stäben des Balkons hindurchsteckte, um die Soldaten besser zu sehen, hielt ich die Hand meiner *Niania*, meiner Kinderfrau, ganz fest. *»Niemcy, Niemcy«* (Deutsche, Deutsche), brummte sie und seufzte. Meine Mutter und mein Vater waren auch da und noch viele andere Leute. »Nein, nein, das sind Franzosen«, hörte ich jemanden sagen. »Es müssen doch Franzosen sein!« Es war ein schöner und warmer Tag. Musik und Erwartung lagen in der Luft.

Die Rückseite des großen Etagenhauses, in dem wir wohnten, ging auf einen viereckigen Hof. Hier waren die Balkons lange Gänge, die sich am ganzen Haus entlangzogen. Manchmal sahen wir unseren Nachbarn, einen Chassiden, in seinem langen schwarzen Mantel und dem flachen, pelzverbrämten Hut an unseren rückwärtigen Fenstern vorbeieilen, auf dem Weg zum Aufzug. Wenn er mit im Wind flatterndem Bart um die Ecke verschwunden war, hörte ich Niania »Juden!« brummen.

Mein Vater besaß eine Schokoladenfabrik. Er war kein Chassid. Aber jeden Morgen legte er sich dünne schwarze Lederriemen um den Kopf, die in einer kleinen viereckigen Schachtel auf seiner Stirn endeten. Die anderen Enden der Riemen waren um seine Handgelenke gewickelt. Er legte einen weißen Schal mit schwarzen Streifen um seine Schultern und wandte sich mit dem Gesicht einem Fenster zu, das auf den hinteren Balkon ging. Murmelnd wiegte er sich vor und zurück. Unter den Lederriemen um seinen Kopf trug er ein festes Haarnetz, das an der Seite mit einer Schnalle geschlossen war. Wenn er sein Murmeln beendet hatte, wickelte er die Lederriemen auf, küsste sie und legte sie in die Schachtel, die er vom Kopf genommen hatte. Dann ging er in ein anderes Zimmer und kam elegant gekleidet wieder heraus. Er trug einen feinen grauen Anzug, ein weißes Hemd, eine Krawatte und im Knopfloch eine Blume. Seine Haare waren wunderschön geglättet. Er hatte glänzende schwarze Schuhe an und oft Gamaschen. Er duftete gut, wenn er mir zum Abschied einen Kuss gab.

Und dann war er eines Morgens fort und kam nicht zurück. Er hatte mir nachts einen Abschiedskuss gegeben, und ich hatte es nicht gemerkt. Ich suchte nach seinen Schuhen. Ich konnte seinen Duft nicht finden, und ich weinte.

Im Oktober stand ich eines Nachmittags am Fenster und sah in den Hof hinunter. Irgendetwas geschah. Ich weiß nicht, wie es geschah. Ich hatte den Anfang nicht mitbekommen. Niania schrie: »Sieh nicht hin! Sieh nicht hin!« Sie versuchte mich vom Fenster wegzuzerren. »Komm weg da!« Sechs Stockwerke unter einem offenen Fenster gegenüber standen mehrere Menschen um etwas auf dem Boden herum. Ich sah eine dunkle Flüssigkeit langsam auf den Zementboden des Hofes rinnen. Ohne wirklich etwas zu wissen, wusste ich, was los war.

Wenn ich einmal beim Laufen hinfiel und mir die Stirn aufschlug, ringelte sich durch meinen Kopf ein schwarzer Geruch. Nein, vorher noch, bevor der Schmerz einsetzte. Bevor ich Zeit gehabt hatte, in kindliches Weinen auszubrechen, überschwemmte eine schmierige Bitterkeit das Innere meines Kopfes und breitete sich in Mund und Nase aus.

Einmal, das war noch vor den deutschen Soldaten, war ich mit Niania in der Stadt spazieren gegangen, in der Nähe des Rondells. In die Reste eines mittelalterlichen Turms, der von einem wasserlosen Graben umgeben war, waren zwei Motorradfahrer gekracht. Das Geländer war verbogen und an mehreren Stellen zerbrochen. Ich sah keine Leichen. Aber bevor Niania mich fortzog, hatte ich die tief dunkelroten Pfützen im Graben gesehen. Dazu kamen die Geräusche von Martinshörnern und Polizisten und Droschken und Pferden. Und in meinem Kopf war dieser Geruch gewesen.

Die Gestalt unten auf dem Hof war zugedeckt worden. Die Ränder der Decke waren säuberlich glatt gezogen. Die Lache von schwärzlich roter Flüssigkeit, die unter der zugedeckten Erhebung hervorquoll, wurde größer. Ein hochhackiger Schuh war von einem Fuß abgefallen, den man gerade noch unter der Abdeckung erahnen konnte. Und im Kopf hatte ich wieder den Geruch.

Ein blauer Spätnachmittagshimmel umfing die Dächer meiner ostmitteleuropäischen Heimatstadt, als Niania die Vorhänge zuzog.

Später stahl ich mich noch einmal ans Fenster. Es war inzwischen dunkel. Ich konnte keinen Fleck mehr sehen. Auf dem Boden lag keine Decke mehr. Der Schuh war weg. Der Hof war leer. Da war nichts.

2. Kapitel

Als in einer Winternacht Ende 1939 die Nazis in unsere Wohnung kamen, waren ihre Gewehrläufe höflich zur Decke gerichtet. Es waren drei Männer. Niania brachte meinen Bruder und mich in unsere große Küche. Sie hielt uns beide an der Hand und blieb bei uns. Ich hörte Stiefel von einem Raum zum anderen trampeln. Ich hörte Mutter mit den Soldaten deutsch sprechen. Sie klang nicht ängstlich. Vielleicht hört man sich auf Deutsch nicht ängstlich an. Ich konnte nicht verstehen, was gesagt wurde. Es wurde nicht gebrüllt. Ich erwartete, dass die Soldaten in die Küche kämen, aber sie kamen nicht. Wir blieben still bei Niania und den zwei Dienstmädchen. Sie standen steif am Herd und sahen uns nicht an. Niemand sprach. Als wir die Wohnungstür ins Schloss fallen hörten, gingen wir zu Mutter zurück.

Der große Garderobenschrank, in dem unsere Mäntel hingen, stand offen. »Sie haben meine Pelze mitgenommen«, sagte Mutter. »Und das ganze Silber.« Die Fächer im offenen Esszimmerschrank waren leer. Die Festtagsleuchter und die schöne Kaffeekanne und die Teekanne aus Silber waren weg.

Es war noch nicht lange her, dass ich das erste Mal am Sederabend des Passahfestes mit den Erwachsenen hatte aufbleiben dürfen. Da war ich fast fünf Jahre alt. Der Seder schien von Bedeutung zu sein. Ich saß neben meinem Vater an dem langen Mahagonitisch mit dem weißen Tischtuch darauf. All die Teller und Gläser! Ich mochte den Geschmack der Bitterkräuter. Und das in Salzwasser getauchte Ei. Mein Vater trug nicht wie morgens, wenn er sich murmelnd wiegte, seine Lederriemchen und den gestreiften Schal; am Sedertisch hatte er eine seidene Kappe auf dem Kopf und las in singendem Ton Worte aus einem Buch vor, die ich nicht verstand.

Ich hatte ein neues blaues Samtkleid mit weißem Spitzenkragen an. Ich durfte lange aufbleiben. Als all die eingeladenen Onkel und Tanten und Großmutter und Großvater gingen, war ich allein im Esszimmer. Ich kletterte auf die Stühle und trank die Reste des Weins aus den roten Weingläsern. Er schmeckte mir gut und mir war, als säße ich im Karussell. Dann sah Mutter, was ich da tat, und schickte mich streng fort.

Auch der Fußboden im Flur zum Esszimmer war leer. Die schöne lange Brücke mit der Mitte aus schneckenförmig geschweiften roten Formen und der Girlande aus bunten Blüten zwischen den Randstreifen war weg.

»Ja, den Kelim haben sie auch mitgenommen«, sagte Mutter. »Einfach aufgerollt und mitgenommen!«

Mein kleiner Bruder, drei Jahre alt, fand *Kelim* ein lustiges Wort. Wenn ich ihn zum Lachen bringen wollte, sagte ich: »Komm, wir spielen auf dem Kelim.« Dann rollten wir auf dem langen Teppich hin und her. Mein Bruder hörte gar nicht wieder auf zu lachen. Oft ging das Kelim-Lachen über in Husten und Würgen. Niania musste uns dann ins Bett bringen. Sie ließ uns da still liegen, bis unser verrücktes Keuchen aufgehört hatte und wir uns beruhigt hatten. Jetzt war da, wo unser lustiger Teppich gelegen hatte, nur noch ein heller Schatten auf dem kahlen Fußboden. Und ein bisschen Staub. Als wir über das nackte Parkett gingen, klangen unsere Schritte hohl. Es fühlte sich an, als ob da ein Loch im Boden wäre.

»Sie wollten Schmuck«, sagte Mutter. »Ich hab gesagt, ich hätte keinen. Wieso haben sie mir das geglaubt?«

Die Nazis hatten schnell und sauber gearbeitet. Die Wohnung sah nur ein bisschen leerer aus. Nicht als ob Räuber da gewesen wären. »Sie kommen bestimmt wieder«, seufzte Mutter.

»Wo ist Tatuś?«, fragte ich. »Warum hat Papa uns verlassen?«

»Er musste fort. Jüdischen Männern droht größere Gefahr von den Nazis als Frauen und Kindern.«

»Ist er jetzt in Sicherheit, Mamusiu?« Ich begann zu weinen. Ich vermisste meinen Vater schrecklich. Ich vermisste unsere Sonntagsspaziergänge, wenn wir beide Hut und Handschuhe trugen und miteinander in die Konditorei gingen. Ich vermisste seine Anrufe. »Servus, Hanusiu«, sagte er immer. Ich hielt den weißen Hörer und ließ seine Stimme in mein Ohr strömen.

»Ja, ja, er ist in Sicherheit.« Mutter klang müde und gereizt. Woher wusste sie, dass er in Sicherheit war? Hatte sie von Vater gehört und es für sich behalten?

Mutter hatte falsche Papiere, in denen stand, dass sie keine Jüdin wäre. Sie trug auch nie den gelben Stern und durfte arbeiten. Sie hatte die falschen Personalpapiere von jemandem gekauft, der wusste, wie man so etwas macht. Der Ausweis sah sehr echt aus, mit Siegeln und Stempeln und Mutters Foto und einem fremden Namen darunter. Jeden Tag, wenn Mutter von der Arbeit nach Hause kam, erzählte sie von jemandem, der oder die nicht mehr im Büro erschienen war. Jeden Tag warteten wir auf einen Brief von meinem Vater. Es kam keiner.

Es gab ständig neue Gerüchte. Warnungen. Wie die Signalarme aus rotem Blech auf dem Bahndamm am Ende unserer Straße, zu denen ich so gern hinaufgesehen hatte, wenn ich mit Niania stand und wartete, dass ein Zug in Sicht kam und auf dem Weg zum Hauptbahnhof vorbeisauste.

Eines Morgens waren die Betten in der kleinen Kammer hinter der Küche leer. Die zwei polnischen Dienstmädchen, die für uns gearbeitet hatten, waren während der Nacht fortgegangen, ohne Erklärung und ohne Abschied. Sie hatten mehrere Kochtöpfe und viele andere Dinge aus der Küche mitgenommen.

»Warum bloß?«, seufzte Mutter. »Haben wir sie nicht immer anständig behandelt?«

»*Pani* (Madame), Sie müssen verstehen, dass es für uns gefährlich wird, bei Juden zu bleiben«, sagte Niania.

Ich wusste, dass Niania den Juden die Schuld an den Qualen und dem Tod Jesu gab. Sie mochte den chassidischen Juden mit dem Pelzhut nicht, den wir immer den hinteren Balkon entlangeilen sahen. Sie rümpfte die Nase über die koscheren Gerichte in der Familie. Sie hatte eine eigene kleine Pfanne in der Küche, in der sie sich manchmal Schinkenwürfel briet. Ich liebte den Duft der Grieben. Und sie teilte immer mit meinem Bruder und mir.

Mutter und Vater hatten sich mit Niania über Fragen des Christentums gestritten. Irgendwann war Niania fortgegangen. Es kam ein neues Kindermädchen. Am ersten Abend badete sie mich. Ich hasste die Art, wie sie mich anfasste, wie sie mir Wasser über Kopf und Rücken goss. Sie war nicht meine Niania! Ich schrie und weinte so sehr, dass Mutter und Vater erschraken. Ich bekam meine Niania wieder.

Meine Eltern mussten Niania ihren Willen lassen. Über mein Bett hatte sie ein Bild gehängt, auf dem ein Engel zwei Kinder beschützte, die auf einem schmalen Steg eine tiefe Schlucht überquerten. Am 6. Dezember, dem Nikolaustag, fanden mein Bruder und ich einen großen, verzierten Lebkuchenmann unter dem Kopfkissen, ein Abbild des Heiligen. Niania zeigte uns, wie wir Girlanden aus Buntpapier basteln konnten. Sie kaufte wunderschöne Papierengelchen und glänzende Kugeln. Sie überredete Vater, ein paar

Spezialpralinen mit Goldfaden zum Aufhängen mitzubringen. Am Weihnachtsmorgen erwartete meinen Bruder und mich im Kinderzimmer ein traumhafter Anblick.

Aber jetzt, als alle flüchteten, hatte Niania keine Angst, bei uns zu bleiben. Vielleicht hatte sie uns zu ihren eigenen Spezialjuden erkoren.

Eines Nachmittags kam Mutter weinend nach Hause. Sie stand mitten auf dem leeren Fleck, wo der Kelim einmal gelegen hatte, und weinte, wie ich noch nie eine Erwachsene hatte weinen sehen. »Sie haben sie abgeholt! Sie haben sie in einen Transport gesteckt. Mutter und Vater sind deportiert worden. Meine Schwester auch ...«

Ihre Schwester. Das war die Tante, die manchmal abends kam und bei mir blieb. Sie las mir Geschichten vor. Jetzt hörte ich in dem Flüstern der Erwachsenen immer wieder die Worte *Transport, deportiert, Konzentrationslager.* Und *liquidiert.* Irgendwo musste es einen schrecklichen Ort geben. Eine öde Gegend ohne Licht. Mit unbelaubten Bäumen und einem Himmel ohne Blau. Wo diese Wörter nicht mehr nur Wörter waren, sondern Wirklichkeit.

Gar nicht lange bevor meine Großeltern und meine Tante deportiert wurden, hatte ich einmal zwischen Niania und meiner Großmutter auf einer Parkbank gesessen. Die Blätter fielen von den Bäumen, und Niania hatte über Kopfschmerzen wegen des Gestanks von dem Verkehr geklagt. Meine Großmutter hatte mir etwas erzählt. Ich hatte nicht zugehört. Ich hatte nur die wunde Stelle auf ihrer Oberlippe angesehen. Es war ein rosa Riss mit dünnen trockenen, bläulichen Kanten, der sich beim Sprechen öffnete und schloss. An ihrer Strickjacke hatten zwei Knopflöcher offen gestanden. Einer der Knöpfe fehlte.

Würde Großmutter wiederkommen, wenn die Deportation vorbei war? Und wenn ich sie wieder sah, würde dann der Spalt auf ihrer Lippe zugeheilt sein? Und was war mit der Schwester meiner Mutter? Meiner Tante? Würde sie mir wieder vorlesen, wenn sie von der Deportation zurückkam? Der große, strenge Mann, den ich Großvater nannte, der Tatuś meiner Mutter, war nie besonders umgänglich gewesen. Er sprach wenig und spielte nie mit mir. Mutter hatte ein Foto von ihm auf dem Nachttisch stehen. Darauf war er ein junger Mann. Auf dem Kopf trug er eine eckige hohe Uniformmütze, die er sorgfältig schief aufgesetzt hatte. Eine Hand steckte steif in der Jackentasche seiner polnischen Soldatenuniform. Vielleicht war er deportiert worden, um wieder als Soldat zu kämpfen? Er würde die Nazis verjagen. Ich verstand das nicht. Ich mochte nicht fragen, was es bedeutete, dass diese Menschen alle abgeholt und *deportiert* worden waren. Ich war nur überrascht, dass meine Mutter so weinen konnte. So wie ich geweint hatte, als eines Morgens mein Vater nicht mehr da war.

3. Kapitel

Mutter und Niania kamen zu der Ansicht, dass mein Bruder und ich in der Stadt nicht mehr sicher seien. Sie hörten, dass auf dem Land vielleicht geringere Gefahr von den Nazis drohte. Mutter würde in Krakau bleiben und sich mit ihren falschen Papieren durchschwindeln. Wir sollten versuchen fortzubleiben, bis die Gefahr vorbei war. Bis Vater wiederkam. Bis der Krieg zu Ende war. Gar so lange würde es doch wohl nicht dauern.

Wir fuhren mit Niania im Bus in das Dorf Łapanów, wo wir schon früher, vor dem Krieg, im Sommer manchmal ein paar Tage verbracht hatten. Dort lebten die Verwandten meines Vaters. Sie besaßen ein Haus am Dorfplatz und eine Bierhalle.

Babcia nannten wir unsere andere Großmutter. Babcia verließ ihren Rollstuhl nie. Ihr Haar sah sonderbar aus und war in der Mitte gescheitelt. Es saß immer gleich auf ihrem Kopf. Sie roch muffig; der Geruch hüllte sie ein wie ein Schleier. Babcia murmelte immer nur vor sich hin, ich habe sie nie ein richtiges Wort sagen hören. Ich habe auch nie erfahren, ob sie böse oder lieb war. Sie war eine ausgestopfte rundliche Puppe, schwarz gekleidet, mit einer drolligen Frisur. Ich hielt den Atem an, wenn ich in ihre Nähe kam oder ihr einen Kuss auf die Wange geben musste. Meine Tante, *Ciocia* Lelia, massierte Babcia jeden Tag mit einem summenden kleinen

Gerät. »Na siehst du, Mama«, tröstete sie sie dann, »es wird schon besser.« Es gab noch eine Tante, mit grauen Haaren und mit einem Sohn, der älter war als ich. Die Leute flüsterten, ihr Mann sei weggelaufen.

Ich mochte den schweren, durchdringenden Geruch der Bierhalle. Die runden Untersetzer, die unter die Bierkrüge gelegt wurden, fand ich hübsch. Sie trugen das Bild polnischer Könige und die Namen von Biersorten. Sie wurden immer wieder verwendet, der Geruch nach abgestandenem Bier haftete an ihnen. Unter der Bierhalle gab es einen Keller. Wenn es draußen heiß war, war es dort angenehm. So oft ich konnte, schlich ich ohne Niania und ohne meinen Bruder die ausgetretenen Holzstufen hinunter und verschwand in der feuchten Kühle. Ich sog den besonderen nasskalten Duft der Erde ein und zählte die Flaschen, die in den hölzernen Lattenkisten schimmerten.

Der schlammige Fluss trat oft über die Ufer und verwandelte die Weide hinter dem Haus in einen Morast. Bei normalem Wasserstand ging Niania manchmal mit uns zum Ufer hinunter, wo wir mit unseren Eimern spielten. Wir schöpften damit winzige Fischchen aus dem Fluss. Wir hätten sie gern behalten und mit ihnen gespielt. Aber die kleinen Fische starben bald und wandten uns eklig weiße Bäuche zu.

Im Hof pickten die Hühner. Manchmal fing mein Vetter, der zwölf war, eines. Hatte er das flatternde, kreischende Huhn erwischt, packte er es an den Beinen und legte es auf einen Holzklotz. Mit einem Hieb der Axt schlug er ihm den Kopf ab. Das kopflose Huhn hüpfte noch kurz herum. Dann brach es zusammen und lag ganz still. Bluttropfen zogen sich als Spur hinter ihm her, wenn er es in die Küche trug.

Auf der Weide stand, auch wenn sie sumpfig wurde, eine müde Kuh. Sie stand still wie eine Statue und schlug nur hin und wieder mit dem Schwanz. Im Hof war eine Ziege angepflockt. Aus ihrem Bereich hielt ich mich fern.

Ich pflückte gern Blumen. Niania zeigte mir, wie ich mir einen Kranz daraus winden konnte. Und ich mochte die wilden Erdbeeren, die wir am Waldrand fanden. Ich fühlte gern, wie der Becher oder das Körbchen immer schwerer wurde, wenn ich eine Beere nach der anderen hineinfallen ließ, bis das Gefäß randvoll war.

Manchmal war Bauernmarkt auf dem Platz. Es wimmelte von Schweinen und Schafen. Es gab riesige Kohlköpfe und Rote Bete und Fässer voller scharf riechender Gurken. Und Sonnenblumen. Ich liebte die großflächigen Blüten, verheißungsvoll schwer von gehaltvollen Samen. Es gab aus Metall getriebene Töpfe und Pfannen. Aus Holz geschnitztes Spielzeug wurde angeboten. Einmal, als ich noch ganz klein war, hatte Niania mir eins gekauft. Es war eine Scheibe mit Hühnchen darauf. Darunter hing an einer Kordel eine Kugel. Und ein Griff war daran, wenn ich den drehte, pickten die Hühnchen und pickten und pickten. Es war ein lustiges Spielzeug, fand ich. Aber diesmal war es in Krakau geblieben.

Manchmal fand an den Festtagen zu Ehren bestimmter Heiliger eine Prozession statt. Kleine Mädchen gingen vor dem Priester her über den Platz und streuten Blütenblätter. Der Priester versprengte Weihwasser. Eine Statue der Mutter Gottes wurde auf einem Gestell getragen. Nach einer Messe in der Kirche tanzten die Menschen auf dem Dorfplatz. Der Akkordeonspieler intonierte eine Mazurka oder einen Krakowiak. Die Jungen stampften mit den Füßen auf und die Mädchen wirbelten herum. Ich liebte ihre Trachten. Die Röcke waren weit und mit leuchtenden roten und rosa Rosen und grünen Blättern bedruckt. Ihre weißen Spitzenblusen hatten Puffärmel. Dazu trugen sie mit Pailletten bestickte Westen, die einen blendeten, wenn sie in der Sonne aufblitzten. Büschel von bunten Bändern hingen ihnen von den Schultern und wehten im Wind.

Schon vor dem Krieg hatte ich mich ausgeschlossen gefühlt, wenn ich bei diesen Festen zusah. Sie waren Katholiken, und es waren katholische Feste. Ein jüdisches Mädchen gehörte nicht dazu.

In Łapanów zu leben war nicht so sehr anders als in den Sommern, bevor die Nazis kamen. Nur dass jetzt kein Ende unseres Aufenthalts abzusehen war. Die Stadt fehlte mir.

Gegen Ende des Sommers im zweiten Kriegsjahr erschien auf der Haut meiner Beine ein grässlicher Ausschlag. Er begann mit kleinen roten Punkten; sie schwollen zu großen Blasen an, die mit einer milchigen weißen Flüssigkeit gefüllt waren. »Ich hab dir doch gesagt, du sollst die Pilze nicht pflücken!« Niania war böse mit mir. Wieso sie glaubte, dass Pilzesammeln mir diese Eiterbeulen verschafft hatte, weiß ich nicht. Irgendjemand in der Küche hatte sie gekocht, aber gegessen hatte ich nicht davon. Dass ich mit Geschwüren übersät war, war meine Schuld. Niania puderte mir die Beine immer wieder mit weißem Mehl aus einem Rupfensack. Oder ich musste die Beine in einem Eimer mit lauwarmem Wasser einweichen. Ich konnte nicht anders, ich kratzte mir die Blasen immer wieder auf. Die weiße Flüssigkeit lief heraus und hinterließ schrumplige Fetzen von Haut. Es juckte. Ich war bis tief in den Herbst hinein damit geschlagen. Ich schämte mich ja so.

Der Herbst kam mit endlos grauen Tagen. Es regnete und regnete. Als wieder eine Feiertagsprozession vorbeikam, war die Statue der Jungfrau Maria mit Sackleinwand bedeckt. Unter dunklen Mänteln und Umschlagtüchern sah ich nur flüchtig einmal bunte Bänder oder Trachtenkleider aufglänzen. Es gab keine Akkordeonmusik und keinen Tanz im Freien hinterher. Dann war wieder Bauernmarkt im Ort. Die Leute kauerten unter Stücken von Pappe oder Lumpen. Niania sagte, Mutter wollte kommen und uns etwas Geld bringen. Wir hockten den ganzen Tag am Fenster und sahen auf den öden Markt, auf dem wir nichts kaufen konnten. Wir warteten und warteten auf Mutter. Sie erschien nicht. Ich kam nicht darauf, mir Sorgen zu machen. Ich wollte nur, dass sie auftauchte und uns Geld brachte.

Niania hatte wieder mal Kopfschmerzen. Wir holten ihr eins ihrer Kopfschmerzpulver. Es steckte in Wachspapier, das zu kleinen Umschlägen gefaltet war, mit einem Hahn darauf. Die Pülverchen hießen *Kogutki* (Hähnchen). Niania schlief ein. Mein Bruder und ich schlichen hinaus und liefen zwischen den traurig wirkenden Bauern in ihren Ständen herum. Welkes Gemüse hing von den Tischen. Unter einem der Tische fanden wir einen Apfel, rannten damit nach Hause und aßen ihn.

Als der erste Schnee fiel, bekam Niania aus ihrem Heimatdorf die Nachricht, dass ihre Mutter krank sei.

»Ich will zu meiner Mutter«, weinte sie. »Und ich kann euch doch nicht allein lassen!« Dann wurde Niania böse. »Wieso hab ich euch Juden am Hals?« Schon bedauerte sie, was sie gesagt hatte, zog uns an sich, umarmte uns heftig und küsste uns ab. »Ihr armen Kinder! Ihr armen, armen kleinen Kinder! Möge die Heilige Mutter Gottes euch schützen!«

Eines Morgens wachte Niania zitternd und weinend auf. In ihrem Traum hatte ihre Mutter sie gerufen. »Komm her, komm her«, hatte sie gestöhnt und die Hand aus einem frisch gegrabenen Loch im Erdboden gestreckt. »Meine Mutter hat meine Hand gepackt«, flüsterte Niania. »Sie hat gezogen und gezerrt.« Niania wusste, dass das ein schlimmes Zeichen war. »Meine Mutter hat aus dem Grab nach mir gerufen! Ich habe solche Angst!« Bald nach diesem Traum bekam Niania Nachricht, dass ihre Mutter gestorben war.

Wieder war Niania böse, weil sie uns am Hals hatte. Es war unsere Schuld, dass sie nicht zur Beerdigung ihrer Mutter fahren konnte. Es war die Schuld von uns Juden.

Schließlich kam Mutter nach Łapanów. Sie brachte ein bisschen Geld. Sie überlebte in Krakau, indem sie ihre Sachen auf dem schwarzen Markt verkaufte. Bisher hatten ihre Papiere sie geschützt. Zwei Onkel und ihre Frauen waren deportiert worden. Die Juden, die noch in der Stadt waren, wohnten jetzt im Ghetto. Onkel Samuel und Tante Bella und Cousine Raisa lebten auch dort. Von Vater hatte niemand etwas gehört.

Die Verwandten in Łapanów durften ihre Bierhalle jetzt nicht mehr betreiben. Polnische Bauern bedienten die Nazisoldaten. Ciocia Lelia massierte die alte Frau immer noch mit dem elektrischen Gerät. Niania hatte ständig Kopfschmerzen. Sie saß am Fenster und sah in die trostlose Landschaft hinaus. Sie seufzte Mitleid erregend und weinte immer wieder.

»Werden wir Krakau jemals wieder sehen?«, fragte ich Niania. Solange ich mich erinnern konnte, hatte ich mich gern als Stadtkind betrachtet. Vater hatte diesen trübseligen Ort verlassen, um ein gut gekleideter Herr zu werden, der Krawatten und Handschuhe und elegante Hüte trug. Er war von morastigen Feldern und hausbackenen Verwandten fortgegangen. Und dann war er von uns fortgegangen. Und wir saßen an dem Ort fest, aus dem er vor vielen Jahren geflohen war.

Weihnachten stand bevor. »Ich bin es leid, mit euren jüdischen Tanten zu streiten«, brummte Niania. Weihnachten ging sie ohne uns zur Kirche. Und wir bekamen keinen Baum. »In einem Jahr gibt es wieder einen«, sagte sie. »Ihr werdet sehen. Bis zum nächsten Weihnachten ist der Krieg vorbei.«

Der Winter verging. Der Schnee schmolz. Es war Passahzeit. Passahfeiern waren nicht mehr erlaubt. *Verboten* war das deutsche Wort, das man immer und überall hörte. Aber die Juden im Ort trafen heimlich ihre Vorbereitungen. Sie buken Matzen.

Eines Abends kam noch spät ein polnischer Mann ins Haus. »Sie gehen in alle jüdischen Häuser«, warnte er. »Seid vorsichtig.«

»Du musst jetzt ein großes tapferes Mädchen sein«, sagte Ciocia Lelia am Morgen zu mir. »Du kannst uns helfen, unsere Matzen zu verstecken.«

Niania war böse. Sie sah nicht ein, weshalb Matzen so wichtig sein sollten. Ich auch nicht. »Juden«, brummte Niania.

Ciocia Lelia ignorierte sie.

Ich hatte einen Puppenwagen. Er war groß und tief. Ciocia Lelia brachte die Matzen, die sie abends gebacken und in weiße Tücher eingeschlagen hatte. Sie packte sie in meinen Puppenwagen. Wir legten die Puppen obendrauf und deckten alles mit einer schweren Decke zu. Es war ein kalter und nasser Tag. Ich wurde warm angezogen: schwere Filzstiefel, Mantel, Mütze bis über die Ohren, und um den Hals und über den Mund wickelten sie mir einen Schal.

Dann wurde ich hinausgeschickt und sollte auf dem Feldweg spazieren gehen. Alle paar Schritte blieb der Puppenwagen stecken, die Räder drangen tief in den morastigen Boden ein. Ich fürchtete, dass der Wagen umkippen und die Matzen herausfallen könnten. Ich versuchte vorsichtig zu sein. Aber wenn ich *zu* vorsichtig war, würde das auffallen. Mein wollener Schal kratzte.

Hinter mir, bei unserem Haus, hörte ich die Deutschen. Sie klangen nicht gefährlich. Sie klangen einfach wie Grobiane, die wussten, dass sie stärker waren als die Leute, die sie herumstießen. Ich hörte sie kommen. Ich blieb nicht stehen, sondern schob den Wagen einfach weiter. Ich begann sogar zu singen, wie eine Mutter, die ihre Kinder in Schlaf wiegt. Zwei Deutsche folgten mir.

»Was hast du da?«, fragte der eine auf Deutsch und wies auf den Puppenwagen. Ich erriet, was das heißen sollte.

Ich lächelte ihn an und antwortete auf Polnisch: *»To są moje lalki.«* (Das sind meine Puppen.)

Die beiden Soldaten waren jung und hübsch. Sie sahen viel besser aus als mein langnasiger Vetter mit den matten Augen, der Hühner schlachtete. Viel besser als der kurze, verschwitzte Mann mit der schwarzen Kappe oben auf den Kräusellocken, der manchmal kam und die brave Ciocia Lelia besuchte. Andererseits waren die Deutschen für mich keine richtigen Menschen. Ich konnte sie nicht von ihren Uniformen und den schwarzen Handschuhen und den Gewehren trennen.

Der Nazi, der gefragt hatte, was ich in meinem Wagen hätte, streckte eine Hand aus. Gleich würde er unter der Decke stöbern. Mit der Hand. Mit dem Gewehr. Sie würden die Matzen finden! Was würden sie mit mir machen?

Der Soldat lächelte, die Hand in der Luft. Er schien mir über den Kopf streichen zu wollen. Der andere Nazi zog den Riemen seines Gewehrs stramm und wandte sich ab. Der erste Soldat ließ seine behandschuhte Hand sinken. Er folgte seinem Kameraden über die Wiese zum nächsten verdächtigen Judenhaus.

Ob sie mir wirklich geglaubt hatten? Warum sollte ein siebenjähriges Mädchen herumlaufen und so tun, als hätte es Spaß daran, einen Puppenwagen durch aufgeweichtes Gelände zu schieben?

Ich ging weiter auf und ab, bis Niania kam und mich holte. Sie schob mich und meine Last durch eine Seitentür ins Haus. Ciocia Lelia nahm ihre Matzen aus meinem Puppenwagen. Mir war es egal, was damit passierte. Ich war erleichtert, sie los zu sein. Ich war froh, wieder bei Niania zu sein.

Nicht lange nach Passah hörten wir Gerüchte, dass in benachbarten Dörfern Juden abgeholt worden seien. Genau wie es in Krakau der Fall gewesen war.

Niania machte sich Sorgen. »Sie werden sehr schnell auch die Juden von Łapanów auf ihren Deportationslisten haben.«

Niania war seit Jahren nicht in ihrem eigenen Dorf gewesen. »Dahin gehen wir«, sagte sie. »Wir können in dem Haus wohnen, das meine Mutter hinterlassen hat.« In jenem Dorf gab es keine Juden.

Wenn allerdings jemand Verdacht schöpfte und uns anzeigte, war leicht festzustellen, dass dieses Geschwisterpaar jüdisch war. Jüdische Jungen waren beschnitten. Niania kam zu dem Schluss, dass es sicherer wäre, wenn mein Bruder von nun an wie ein Mädchen angezogen wäre.

Die Verwandten aus Łapanów habe ich nie wieder gesehen.

4. Kapitel

Wir fuhren mit dem Bus zu einer Haltestelle eben außerhalb von Krakau. Niania hatte sich mit Mutter in Verbindung gesetzt. Sie meinten, es sei weniger riskant, wenn wir uns nicht mitten in der Stadt träfen. Und ich wünschte mir doch so, dass wir nach Krakau zurückkönnten. Zurück in unsere Wohnung. Ich wollte sogar den Chassiden wieder an unserem Fenster vorbeieilen sehen. Wo war der jetzt? Wo war Tatuś?

Mutter wartete an der Haltestelle auf uns. Sie hatte einen Packen Leinenzeug mit; das sollte Niania, wenn nötig, tauschen. Wir machten uns auf den Weg zu einem nahe gelegenen Bahnhof. Mutter würde bei uns bleiben, bis unser Zug fuhr. Niania und mein Bruder und ich sollten mit dem Zug in Nianias Dorf fahren.

Vor uns ging eine Gruppe Nazis in die gleiche Richtung wie wir. Mutter blieb stehen. In ihrem Gesicht stand das Entsetzen. »Nicht anhalten. Gehen Sie weiter!«, wisperte Niania. »Gehen Sie weiter!« Wir waren in einer stillen kleinen Straße am Rand der Stadt. Da der Wind den Deutschen sogar unser Flüstern zutragen konnte, sprachen wir nicht. Niania winkte uns, in einen schmalen Durchgang zwischen zwei Häusern einzubiegen. Wir hielten mit ihr Schritt. Das Gässchen endete an einem unbestellten Acker.

In der Ferne konnten wir noch den Bahnhof sehen. Was wir vorher nicht hatten sehen können, weil Häuser dazwischen standen, war ein langer Zug mit geschlossenen Güterwagen. Wir sahen eine unruhige Menschenmenge, von Nazis umstellt. Ab und zu hörten wir das Bellen von Hunden. Menschenstimmen hörten wir nicht. Die Leute kletterten in die Güterwagen. Auf dem Bahndamm am Ende unserer Straße in Krakau hatte ich solche Güterzüge vorbeifahren sehen. »Die sind nicht für Menschen«, hatte Niania erklärt. »Darin werden Kühe und Schweine oder Gemüse transportiert.«

»Was machen die da?«, fragte ich.

»Psst. Sei still.« Mutter lehnte an einer Mauer. »Frag nicht.«

»Es ist ein Judentransport«, sagte Niania.

Mutter hatte zu weinen begonnen. Vor dem Krieg hatte ich geglaubt, dass nur Kinder weinten. Jetzt brachen dauernd die Erwachsenen in Tränen aus. »Vater hat furchtbar geweint, als er dir seinen Abschiedskuss gab, Hanusiu«, hatte Mutter mich getröstet und mir versichert, dass er wirklich nicht hatte weggehen wollen. Ich hatte nicht gern das Bild von einem weinenden Vater im Kopf. Und dann erinnerte ich mich an den Tag, kurz nachdem die Nazis in Krakau einmarschiert waren, als Mutter heimgekommen war und um ihre Mutter und ihren Vater und ihre Schwester geweint hatte. Hatten sie in einen dieser Kuhwaggons steigen müssen, die ich jetzt in der Ferne sah? War das die *Deportation*?

Die Häuser an dem Gässchen waren verlassen. Niania drückte eine Tür auf und wir schlichen hinein. Wir fanden uns auf den staubigen Holzdielen eines Flurs wieder. Auf beiden Seiten führten Türen in kahle Räume. Nirgends gab es Möbel. Spinnweben und ein von toten Fliegen übersäter Fliegenfänger hingen an der Decke. Ein eingerissenes Plakat von einem Mann im Abendanzug und mit angeklatschten Haaren, der eine Zigarette rauchte, klebte nur noch halb an einer rissigen, abblätternden Wand. Auf dem Plakat stand *Pall Mall* und darunter weitere Wörter, die ich nicht lesen konnte.

Wir stellten uns ans Fenster und beobachteten, wie sich die Menschen da in der Ferne abmühten und immer zu mehreren gleichzeitig durch die Türen in die Güterwagen kletterten. Es war hoher Nachmittag, bis die Wagen voll waren. Als keine Menschen mehr neben den Gleisen standen, sah ich die Nazis die schweren Riegel vor die Holztüren schieben. Dann stiegen sie mit ihren Hunden in einen normalen Personenwagen gleich hinter der Lokomotive. Langsam fuhr der Zug an und aus dem Bahnhof hinaus. Eine Rauchfahne hing noch eine Weile in der Luft.

Während der ganzen Zeit, die wir vom Fenster des leeren Hauses aus zugeschaut hatten, war kein regulärer Zug am Bahnhof angekommen oder abgefahren.

»Ich glaube, wir sollten jetzt gehen«, sagte Niania.

Wir nahmen unsere Gepäckstücke auf und gingen los. Das Gelände um den Bahnhof herum war still und verlassen.

»Und wenn kein Zug kommt?« Ich war müde und hungrig. »Können wir dann nach Krakau zurück?«

»Können wir nicht in dem leeren Haus bleiben, in dem wir waren?«, fragte mein Bruder.

»Ihr zwei seid still«, fauchte Niania.

Mutter seufzte und sagte nichts.

Wir waren allein im Warteraum. Ich hoffte, dass kein Zug fuhr. Dass wir einfach nach Krakau gehen konnten.

Dann trat ein Stationsvorsteher in Uniform und Schirmmütze ein. »Es kommt bald ein Zug«, sagte er lächelnd. Als ob er nur zwei Frauen und zwei Kinder auf einem Ausflug beruhigen müsste, dass sie sich keine Sorgen zu machen brauchten. Dass sie dahin gelangten, wo sie hinwollten.

»Manchmal sind Verzögerungen im normalen Fahrplan unvermeidlich«, fuhr der Stationsvorsteher fort. »Wir wollen ja den offiziellen Betrieb nicht aufhalten. Ich schicke an den Tagen, an denen die Deutschen ihre Transporte verladen, ein Telegramm an den Zugführer des Personenzuges. Der verlangsamt dann die Fahrt oder hält sogar zehn oder fünfzehn Kilometer vor unserer Station an, bis die Viehwaggons abgefertigt sind.«

»Sehr geschickt«, nickte Niania. Mutter murmelte nur leise etwas. Der Stationsvorsteher ging wieder hinaus. Wir sprachen nicht miteinander. Nach ein paar Minuten hörten wir in der Ferne den Zug pfeifen. Bald roch ich den Rauch der Lokomotive und vernahm das Singen und Klirren der Schienen. »Ich muss jetzt auf Wiedersehen sagen«, sagte Mutter. »Ich gehe zurück nach Krakau.« Hastig umarmten wir uns.

Sobald der Zug hielt, nahm Niania unser Gepäck auf. Wir kletterten hinein. Wir fanden ein leeres Abteil. Der Stationsvorsteher hob die grüne Kelle und winkte uns zu. Langsam fuhren wir aus dem Bahnhof hinaus. Als der Zug auf ein anderes Gleis in eine neue Richtung wechselte, sah ich Mutter. Winzig klein und schon weit weg marschierte sie eilig in Richtung Stadt.

Mit der Bahn zu reisen fand ich aufregend. Die kratzigen braunen Polster der Sitze scheuerten an Oberschenkeln und Waden. Ich war noch nie an dem Ort gewesen, zu dem wir unterwegs waren. Aber in einer so schrecklichen Zeit war ich nun trotzdem froh, dass der Zug rollte. Die Ängste und Gefahren des ganzen Tages lösten sich auf und blieben an den frischen grünen Zweigen der Bäume hängen, die sich in den verblassenden Spätnachmittagshimmel reckten. Ich betrachtete den blonden Lockenkopf meines Bruders auf Nianias Schoß. Er sah niedlich aus in dem Rock und der Bluse, die ich früher getragen hatte. Ich legte die Stirn an das klappernde Fenster und stellte mir vor, dass der Zug stillstand und die Felder und die Weiden mit Kühen und Schafen als Film auf der anderen Seite der Scheibe abliefen. Es wurde dunkel. Ich lehnte mich zurück.

»Wir sind da.« Niania schüttelte mich an der Schulter. Ich war eingeschlafen. Es war dunkel, als wir aus dem Zug stiegen. Wir waren die Einzigen an dem Bahnhof.

»Wir müssen zum Haus laufen«, sagte Niania. Sie nahm den Koffer und eins der Bündel. Mein Bruder und ich trugen die anderen, kleineren Bündel. Mit Niania in der Mitte machten wir uns auf den Weg, eine unbeleuchtete Straße entlang. Ich wollte nicht fragen, ob wir weit laufen müssten. Es schien kein Mond, aber der Himmel war voller Sterne. Angst hatte ich nicht. Ich war nicht einmal müde. Die Luft war mild und roch schon ein bisschen nach Sommer. Die Dunkelheit hüllte uns ein und ich wünschte mir, ich könnte einfach mit Niania und meinem Bruder darin geborgen bleiben. Bis die Deutschen weggingen. Bis Vater zurückkehrte.

Hier und da kamen wir an einem Haus vorbei, in dem eine trübe Ölfunzel oder vielleicht eine Kerze ein Fenster erhellte. Aber die meisten Häuser standen nur als dunkle Masse vor flachen Feldern und dem nächtlichen Himmel. Ob in einem dieser Häuser auch Nazis wohnten? Es war so still. Wo Nazis waren, gab es immer Gebrüll. Wir wanderten lange, trafen aber niemanden.

»Da ist mein Haus«, sagte Niania schließlich.

Wir konnten eine kleine Hütte mit Strohdach ausmachen, die genau vor uns lag. Niania schob die Tür auf. Sie war nicht abgeschlossen. Wir setzten unsere Sachen auf dem Lehmboden ab. Das Haus roch wie der Keller in Łapanów. Niania kramte in einem ihrer Bündel und holte zwei Kerzen und Streichhölzer hervor. Sie zündete die Kerzen an und stellte sie auf eine Holzbank, über die ich beim Hereinkommen fast gefallen wäre. Sonst war nicht viel in dem Haus. Ein Schemel am Herd. Ein Bett an der Wand. Über dem Bett ein kleines Holzkreuz. Und daneben ein Herz-Jesu-Bild.

»Mama, Mama«, begann Niania zu schluchzen. »Ich bin wieder da. Und du bist fort.«

Mein Bruder und ich begannen mit ihr zu weinen. Ich legte Niania die Arme um den Hals. »Wein doch nicht, Nianiusiu! Weine nicht. Deine Mutter ist bei den Engeln im Himmel!« Ich sagte das, weil ich sie das hatte sagen hören, als sie von verstorbenen Katholiken sprach.

Wir richteten uns in dem Häuschen mit der steinernen Feuerstelle und dem Lehmfußboden und dem Strohdach ein. Auf dem Bett lag ein Federbett. Der Rahmen darunter war anstelle einer Matratze mit Stroh gefüllt. Es war groß genug, wir konnten zu dritt darin schlafen. Niania breitete eins der Laken, die Mutter ihr mitgegeben hatte, über das Stroh.

»Wir kochen ein paar Kartoffeln«, sagte sie. Unter dem Bett lag ein ganzer Haufen Kartoffeln. Sie mussten seit dem Tod von Nianias Mutter da gelegen haben. Viele von ihnen hatten gekeimt. Niania holte ein paar Kochtöpfe aus unserer Krakauer Küche aus dem Gepäck. Ich hatte nicht gewusst, dass sie sie mithatte. In Łapanów waren sie nicht benutzt worden. Da hatten unsere jüdischen Tanten die Kocherei erledigt. In einer Tonne am Herd war Wasser. Niania goß Wasser in einen der Töpfe. Ich sah zu, wie sie Feuer machte. Wir entfernten die Keime von den Kartoffeln und warfen sie ins heiße Wasser.

Bald saßen wir am Tisch und aßen gekochte Kartoffeln, mit Schale und allem. Alle drei gingen wir danach hinaus zum Außenklo. Dann kletterten wir in das Heubett und deckten uns mit dem Federbett zu. Ich fühlte mich sicher und schlief und wachte erst auf, als die Vögel draußen in den Bäumen neben dem Haus schon sangen.

5. Kapitel

Niania war seit etlichen Jahren nicht mehr in ihrem Dorf gewesen. Nur wenige von den Frauen, die in den folgenden Tagen kamen, um ihr guten Tag zu sagen, erinnerten sich noch an sie.

»Deine Mutter ist friedlich gestorben«, sagte eine sehr alte Frau. »Möge *Matka Boska* (die Heilige Mutter Gottes) sich ihrer erbarmen.« Niania erzählte allen ihre Geschichte, dass ihr Mann von den Nazis umgebracht worden sei. »Mein Mann war tot«, sagte sie. »Beide Mädchen waren sehr krank. Ich konnte nicht zu Mamas Beerdigung kommen.« Niania begann wieder zu weinen. Wir waren ihre kleinen Töchter. Wir waren anfällig und brauchten viel Fürsorge.

Mein Bruder und ich gewöhnten uns schnell an den Gedanken, dass wir Schwestern wären. Mein Bruder hätte durchaus Nianias Kind sein können. Er war hübsch und blond und hatte eine kleine Nase – er sah nicht semitisch aus. Ich mit meinen dunklen Haaren und Augen und der kräftigen Nase war als reinblütig polnisches Kind ein bisschen suspekt. Ich weiß nicht, ob irgendjemand glaubte, Niania wäre unsere Mutter.

Das Dorf war so klein, dass es nicht einmal eine Kirche hatte. Es wohnten nicht viele Menschen dort. Niemand störte uns. Ohne

Niania gingen mein Bruder und ich selten über den sandigen Platz hinaus, auf dem das Haus stand. Wenn es regnete oder Niania uns nicht hinauslassen wollte, spielten wir zwischen den Kartoffeln unter dem Bett. Wir taten gern so, als wären wir in einem Keller tief unter der Erde. Wir fühlten uns sicherer und waren glücklicher als seit langem.

Außer dem Leinenzeug hatte Mutter Niania auch einen Teil des Schmucks gegeben, den sie vor den Nazis hatte verstecken können. Niania nähte ihn in den Saum ihrer Jacke ein. »Ich hoffe, dass ich ihn nie verwenden muss«, sagte sie. Wenn wir Nahrung brauchten, tauschte sie Spitzentischdecken, Kissenbezüge und feine, bestickte Taschentücher gegen Brot, Kohl, Dicke Bohnen und Quark ein.

Wir gewöhnten uns daran, auf Sandwegen durch Felder und Wiesen zu wandern. Wir gewöhnten uns daran, dass Niania an die Türen der Katen klopfte oder in Scheunen spähte und fragte: »Können Sie mir ein bisschen Brot oder Milch für meine Kinder abgeben?« Oder: »Haben Sie vielleicht ein Ei übrig?« Die Bauern hielten uns für Bettler und machten oft ein unfreundliches Gesicht. Wenn Niania dann ein Leinenhandtuch oder eine Serviette oder einen Kopfkissenbezug hervorzog, betrachteten sie uns mit anderen Augen. Vor allem die Frauen guckten die hübschen Dinge, die einst Mutters geschätzter Besitz gewesen waren, mit Interesse an. Mir waren diese Sachen egal. Ich weiß nicht, wie Niania dazu stand. Sie war froh, wenn Milch in unsere kleine Blechkanne gegossen wurde oder man ihr einen Laib Brot oder ein paar Bohnen im Tausch für ihre Angebote reichte.

Einmal geriet eine sehr alte Frau so aus dem Häuschen über eine bestickte Tischdecke, dass sie uns hereinbat. »Kommt ins Haus«, sagte sie, »setzt euch.«

Anfangs versuchte Niania zu protestieren. Vor allem, weil sie so überrascht war. Noch nie hatte uns bei unseren Verkaufsgängen jemand ins Haus eingeladen. Dann entschied sie aber, dass es in Ordnung war. Wir traten in eine Hütte, die noch kleiner war als Nianias. Die Frau entfaltete das Tischtuch aus unserem Krakauer Esszimmer und legte es auf den wackligen Holztisch vor dem Fenster. Es war riesig. Es hing in dicken Falten herab und breitete sich über einen großen Teil des Lehmbodens in der winzigen Hütte aus.

»Es ist so wunderschön«, seufzte die alte Frau. »Ich erinnere mich … Ich erinnere mich an diese hübschen Dinge.« Sie war in jüngeren Jahren Dienstmädchen im Haus der Ziemiańska in Warschau gewesen. »Ich habe die gesamte Tischwäsche gewaschen und gebügelt«, sagte sie. »Ich konnte aus den Flecken entnehmen, was die Familie und ihre Gäste am Abend vorher gegessen hatten.« Dann bot uns die alte Frau den Rest eines Mohnkuchens an, den sie gebacken hatte. Wir saßen am Tisch, das Tischtuch floss uns über den Schoß und die Beine, und knabberten jeder eine Scheibe *makownik*. Wir achteten darauf, dass wir die kleinen schwarzen Samenkörner nicht fallen ließen. Die Frau berührte und glättete ihr neues Tischtuch und lächelte meinen Bruder und mich an. Zu Niania sagte sie: »Was haben Sie für nette Töchter.«

Ich betrachtete die Girlanden von feinen gestickten weißen Blüten. »Ich erinnere mich an das Tischtuch vom Se…«, begann ich.

»Scht. Unterbrich uns nicht«, sagte Niania schnell. Sie versuchte zu klingen wie eine Mutter, die ihr Kind liebevoll zurechtweist. »Siehst du nicht, dass die Dame mit mir spricht?«

Die alte Frau unterhielt sich weiter mit Niania über ihre Tage als Dienstmädchen.

Mit dem köstlichen Geschmack des *makownik* auf der Zunge hatte ich mich vergessen! Seder! Fast hätte ich Seder gesagt! Die alte Frau erzählte immer weiter von Pani Ziemiańska. Mein Bruder aß sehr langsam sein Stück von dem Kuchen. Ich wusste, dass er versuchte, möglichst lange etwas davon zu haben. Bevor der Besuch endete, weinte die Frau noch über den Erinnerungen an das Leben vor den Nazis. »Das waren gute Zeiten«, seufzte sie. »Gute Zeiten.«

Es war fast Abend, als wir uns von der netten alten Frau verabschiedeten. Sie gab uns einen großen Laib dunkles Brot, einen Kohlkopf und ein paar Gurken. Sie lief zum Hühnerauslauf und schenkte uns Eier, die ihre Hennen am Morgen gelegt hatten. »Bitte kommen Sie wieder«, sagte sie zu Niania. »Möge das Jesuskind Ihre kleinen Mädchen segnen und beschützen.« Dann stand sie vor ihrer Hütte und sah uns nach, als wir durch die Felder heimgingen. Wir schauten immer wieder zurück und winkten, bis wir weder die Frau noch ihr Haus mehr sehen konnten.

An einem heißen Tag waren wir lange auf einer staubigen Straße gegangen und waren müde und hungrig, als wir zu einem Haus kamen. Auf einer Weide in der Nähe graste eine Kuh. Vielleicht bekommen wir ein bisschen Milch, dachte ich. Bevor Niania klopfen konnte, stand eine massige Bäuerin in der Tür.

»Könnte ich das hier gegen einen Laib Brot und Milch für meine Kinder tauschen?« Niania zog ein Leintuch aus ihrem Bündel. Sie entfaltete es und hängte es sich geschickt über den Arm.

Die Frau beäugte uns argwöhnisch. Hinter der älteren Frau stand jetzt eine jüngere, dicke blonde Frau mit einem nackten Baby, einem Jungen, auf dem Arm. Die beiden Frauen begannen das Leintuch zu begrapschen. Sie steckten ihre dicken Finger in die übrigen Sachen aus Nianias Leinenbündel und hinterließen schmierige Flecken. Die junge Frau erwischte ein zusammengefaltetes Taschentuch und hielt es sich an die Nase. Das Baby griff danach. Sie schlug ihm auf die Hand und nahm ihm das Taschentuch wieder weg. Es begann zu schreien. Sie ging ins Haus zurück. Die ältere Frau nahm das Leintuch und folgte ihr.

Sie kam mit einem Messer in der Hand und einem großen runden Laib Brot zurück. Den hielt sie seitlich gegen ihren schweren Busen und schnitt das Brot in einer schnellen, glatten Bewegung in zwei Teile. »Nehmen Sie das«, sagte die Frau zu Niania und reichte ihr eine Hälfte des Brotes.

Die junge Frau kam mit frischem Quark in einem Tuch zurück, aus dem es noch tropfte. »Hier«, sagte sie, »nehmen Sie das auch.«

Niania dankte ihnen. Mein Bruder und ich knicksten.

Wir gingen am Haus entlang fort. Am oberen Fenster sah ich die dicke junge Frau, jetzt ohne Baby, aber mit einem Nachttopf in der Hand. Als wir unter ihrem Fenster vorbeigingen, lehnte sie sich hinaus und leerte den Nachttopf über unseren Köpfen aus.

Urin lief mir über das Gesicht, Kot hing mir an der Wange und im Haar. Meinem Bruder erging es ebenso. Und Kot und Urin stammten nicht von dem Baby. Sie stammten von Erwachsenen, dessen war ich mir sicher. Während die alte Frau das Brot geholt und geschnitten hatte, hatte die jüngere Zeit gehabt, sich auf den Topf zu setzen. Warum tat sie das? War das Taschentuch, das sie sich ausgesucht hatte, nicht schön genug? Aber sie hatten uns doch Nahrungsmittel gegeben! Und dann dachte ich: Sie haben etwas gemerkt – sie ahnen, dass wir Juden sind.

Sie haben es »gewittert«. Das Taschentuch und das Leintuch haben uns verraten. »Sie wissen Bescheid! Sie haben es entdeckt!«, flüsterte ich. »Nianiusiu! Sie wissen Bescheid!« Hinter uns bellte ein Hund. Ich griff nach der Hand meines Bruders und begann zu laufen.

»Nicht laufen!« Niania hielt uns zurück. »Habt keine Angst. Es sind nur schmutzige Bauern. Die Sorte kenne ich.«

Vielleicht. Sie kam ja aus diesem Dorf. Vielleicht wusste sie, was Bauern in dieser Gegend Fremden antun. Selbst denen, die sie nicht für Juden halten.

Wir gehorchten Niania. Mit gleichmäßigen Schritten gingen wir über die Weide. Die Kuh wandte den Kopf und muhte. Eigentlich hatte ich Angst vor Kühen. Diesmal war es mir egal, ob sie uns folgte. Die Kuh beschäftigte sich wieder mit Kauen.

Es war ein heißer Tag. Über dem Gestank des Nachttopfinhalts, der auf meiner Haut trocknete, roch ich das frische Brot in Nianias Bündel. Ich hatte Hunger. Nur wenige Tropfen von dem Guss aus dem Nachttopf schienen Niania getroffen zu haben. Die Lebensmittel waren gerettet.

Wir kamen zu einer schattigen Baumgruppe. Dort gab es einen Bach und klares, sauberes Wasser. Da wir allein waren, zogen wir den größten Teil unserer Kleidung aus und wuschen uns. Niania spülte unsere Sachen aus und legte alles zum Trocknen in die Sonne. Sie prüfte das Bündel mit dem Leinenzeug. Es war sauber.

Wir rissen Stücke von dem Brot ab und strichen mit dem Messerchen, das Niania in ihrem Bündel aufbewahrte, Quark darauf. Sie hatte auch Blechbecher mit. Wir füllten sie mit Wasser aus dem Bach. Wie gut das alles schmeckte! Die Sonne schien. Es war gut, nicht mehr hungrig zu sein. Auf dem Heimweg pflückten wir Kornblumen und Mohnblumen, die im Weizenfeld wuchsen.

Niania hatte die üblichen Kopfschmerzen. »Ich möchte mal in die Kirche gehen«, klagte sie, »aber ich will nicht mit euch beiden gehen.«

Wir laufen doch von einem Haus zum anderen, um etwas zu essen zu besorgen, dachte ich. Warum können wir dann nicht ins nächste Dorf in die Kirche gehen? »Ich möchte auch in die Kirche gehen!«

»Da kommen die Leute aus der ganzen Gegend zur Messe«, sagte Niania. »Wer weiß, was da für ein Verdacht aufkommt, wenn ich euch in der Kirche zur Schau stelle.«

Es war meinetwegen. Ich war dunkel. Ich hatte eine große Nase. Ich sah jüdischer aus als mein Bruder. Es war alles meine Schuld.

Trotzdem war es keine schlechte Zeit. Manchmal vergaß ich die Gefahr fast, die wir hinter uns gelassen hatten, irgendwo weit weg in der Stadt. Wir unternahmen weiter unsere Wanderungen auf der Suche nach Milch und Brot und Quark. Manchmal bekamen wir ein bisschen Butter und sogar *kiełbasa* (Wurst). Und Kartoffeln gab es immer zu essen.

Im Spätsommer erhielten wir die reifen Köpfe der Sonnenblumen. Ich liebte das Gewicht der großen Blütenscheiben. Wir steckten die Finger hinein und holten die Samen aus den Samenbehältern. Ich liebte es, die Körner zwischen den Zähnen zu knacken. Ich liebte den Augenblick, nachdem ich die Schalen ausgespuckt hatte: Zurück blieb der wohlschmeckende Same der Sonnenblume.

Mein Bruder und ich fanden ein kleines graues Kätzchen und nahmen es mit nach Hause. Niania wollte nicht, dass wir es behielten. Sie glaubte, Katzen seien Träger eines bösen Zaubers.

Mein Bruder und ich nannten das Kätzchen Duszek. Unter unserem Bett machten wir ein kleines Bett aus Stroh für Duszek. Niania versuchte hartnäckig, den kleinen Kater loszuwerden. Eines Tages scheuchte sie ihn mit dem Besen hinaus und warf die Tür hinter ihm zu. Ich hörte einen dünnen, durchdringenden Schrei und ein Geräusch wie von einem knackenden Ast. Eins von Duszeks Vorderbeinen war in die Tür geraten und gebrochen. Mein Bruder und ich versuchten es zu behandeln. Wir banden Duszek einen feuchten Lappen um sein Bein. Miauend humpelte er noch eine Weile draußen herum. Dann war er fort. Mein Bruder und ich suchten überall, aber Duszek war für immer davongehumpelt. Ich weiß nicht, ob es Niania Leid tat. Auf jeden Fall glaubte sie nicht, dass sich die Jungfrau Maria die Mühe machte, Tiere zu schützen.

Eines Nachts wurden wir von fürchterlichem Geschrei im Dorf geweckt. Wir schauten durch das Fenster und sahen Männer mit Heugabeln in den Händen die Straße hinunterlaufen. »*Boże mój!* (Mein Gott!) Unters Bett mit euch! Schnell!« Niania war sicher, dass sie hinter uns her waren. »Jemand hat uns denunziert!«

Wir rutschten unter das Bett und machten uns zwischen den Kartoffeln so klein wie möglich. »Wenn sie uns finden wollen, finden sie uns auch«, flüsterte mein Bruder.

Die Männer liefen an unserem Haus vorbei.

Als wir merkten, dass die Unruhe nichts mit uns zu tun hatte, schlichen wir ans Fenster. Im Mondlicht sahen wir einen jungen Mann mitten auf der Straße stehen, um ihn herum die Männer mit den Forken. Ein älterer Mann und eine Frau drohten ihm mit den Fäusten und kreischten. Sie hielten eine junge Frau fest, die offenbar durch den Kreis von herumfuchtelnden und schreienden Menschen zu dem angegriffenen jungen Mann vordringen wollte. Was sie schrien, konnten wir nicht verstehen.

Wir kannten die Leute. Die hübsche junge Frau war nett zu meinem Bruder und mir gewesen. Sie hatte uns geholfen, als wir nach Duszek suchten.

Niania war erleichtert, dass das alles nichts mit uns zu tun hatte. »Wodka«, brummte sie. »Alles Trinker!« Sie scheuchte uns wieder ins Bett. »Sollen sie doch streiten«, sagte sie. »Dann haben sie keine Zeit, über uns nachzudenken.«

Ein paar Tage später gab es ein Fest im Dorf. Eine Hochzeit. Wir wurden auch eingeladen. »Wir können nicht hingehen.« Niania wollte nicht, dass uns die Leute anstarrten. Den Leuten im Dorf erzählte sie, meine Schwester und ich seien krank.

Die Braut kam kurz vor der Zeremonie in unsere Hütte, um uns ihr Kleid zu zeigen. Es war aus leuchtend hellblauem Stoff mit Kornblumen darauf. Sie hatte lange blonde Zöpfe und trug einen

Kranz aus Feldblumen im Haar. Ich schenkte ihr einen Strauß Blumen, die ich gepflückt hatte. Niania forderte mich auf, vor ihr niederzuknien und ein Lied für sie zu singen. Ich kam mir vor wie in der Kirche, als ob die Jungfrau Maria zum Leben erwacht sei. Ich sang der Braut ein bekanntes Lied über eine *Krakowianka*, ein armes Mädchen aus Krakau, und ihren Herzliebsten. Das Lied hatte ich gelernt, als ich noch ganz klein war.

Vom Fenster aus beobachteten wir den Hochzeitszug auf dem Weg in die Kirche. Die Braut und der Mann, der ein paar Nächte zuvor mit Forken bedroht worden war, saßen nebeneinander in einem von zwei Pferden gezogenen Wagen. Er war mit Blumen geschmückt. Der Bräutigam trug ein weißes Hemd unter seiner gestickten Weste und auf dem Kopf ein polnisches Soldatenkäppi.

»Wenn es hier Nazis gäbe«, sagte Niania, »würde er nicht gewagt haben, das Käppi zu tragen.« Warum ließ sie uns dann nicht zu der Hochzeit gehen? Ich wollte so gern mit in die Kirche und singen und Braut und Bräutigam vor dem Altar sehen.

Später hörte ich Niania mit ein paar Frauen aus dem Dorf sprechen. »Habt ihr ihren Bauch gesehen?«, sagte eine von ihnen und bekreuzigte sich. Eine andere rollte die Augen und schnalzte mit der Zunge.

Ich verstand nicht. Ich fand, die Braut war das schönste Mädchen, das ich je gesehen hatte. Und ich wünschte mir, ich hätte lange blonde Zöpfe und ein blaues Blumenkleid.

6. Kapitel

Eines Tages erschien ganz unerwartet Mutter. Die Nazis hatten in unserer Wohnung alles umgekippt und ausgeräumt. Alle jüdischen Wohnungen in Krakau waren beschlagnahmt worden. Onkel, Tante und Cousine Raisa lebten längst im Ghetto. Mutter hatte es mit ihren falschen Papieren geschafft, draußen zu bleiben. Jetzt glaubte sie, auf dem Land sicherer zu sein. Von dem Leinenzeug, den Handschuhen und Brieftaschen, die sie auf dem schwarzen Markt getauscht hatte, war nicht mehr viel übrig.

»Ich habe nichts! Gar nichts«, weinte Mutter. »Und ich möchte bei euch sein.«

Wir versteckten uns nicht unbedingt. Aber Niania hatte versucht, uns möglichst unauffällig außer Sicht zu halten. Sie hatte sich die ganze Zeit an ihre Geschichte geklammert, dass ihre beiden Mädchen von zarter Gesundheit seien und ständige Fürsorge brauchten. Niemand war uns lästig geworden.

Mutters Ankunft änderte alles. Ich sah meiner Mutter ziemlich ähnlich. Ich war gezeichnet. Niemand würde noch glauben, ich wäre Nianias Kind.

Ein Mann, den ich noch nie im Dorf gesehen hatte, kam zu uns und führte lange geflüsterte Unterhaltungen mit Mutter. Zwischen den Kartoffeln unter dem Bett hockten mein Bruder und ich und spähten und lauschten. »Lassen Sie sich warnen, Pani«, sagte der Mann. »Es ist ganz einfach: Jeder kann zum nächsten Naziposten gehen und andeuten, dass sich Juden in der Gegend verstecken.«

»Jeder weiß, dass das meine kleinen Töchter sind«, hörten wir Niania sagen. Der Mann lachte.

Mutter holte ihre Papiere heraus.

Er winkte ab. »Ich kann Ihnen helfen«, sagte er. »Ich komme später wieder.« Es war klar, dass er bereit war, uns im Zweifelsfall anzuzeigen.

»Pani hätte nicht herkommen dürfen.« Niania war böse auf Mutter. »Wenn Pani fortgeblieben wäre, wären die Kinder in Sicherheit.«

Am Nachmittag kam der Mann wieder. Mein Bruder und ich kauerten unter dem Bett und verfolgten von dort aus, wie Mutter eine glänzende Brosche und eine Perlenkette aus einem Säckchen nahm, das sie an einem Band um den Hals trug, und sie dem Mann in die Hand drückte. Dann sagte Mutter uns auf Wiedersehen und ging mit dem Mann fort. Niania teilte uns mit, dass wir uns auch zum Aufbruch fertig machen müssten.

Als es dunkel wurde, erschien der Mann mit einem Pferdewagen voller Heu. »Ich habe sie heute Nachmittag zum Bahnhof gebracht«, sagte der Mann. »Pani ist fort.«

Wir nahmen unsere Bündel und krochen unter das Heu. Wenn die Leute im Dorf merkten, was da vor sich ging, so sagten sie nichts. Entweder waren sie anständig oder es war ihnen egal. Unter dem Heu verborgen, hatten wir keine Ahnung, wohin der Mann uns brachte. Wir holperten eine Straße entlang und wagten lange Zeit nicht hinauszusehen. Endlich hörten wir den Mann »Brrr!« zu seinem Pferd sagen. Der Wagen hielt. Wir kletterten hinunter. Wir standen vor demselben Bahnhof, an dem wir Monate vorher angekommen waren. Er sah verlassen aus.

»Es kommt bald ein Zug nach Krakau«, sagte der Mann. Er stieg wieder auf seinen Heuwagen und fuhr weg.

Ich hatte Angst. Aber ich freute mich darauf, wieder mit der Bahn zu fahren. Und wir fuhren in die Stadt zurück. Nach Krakau. Mein Bruder sah müde aus. Niania schaute streng.

Mutter war weg. Ich hatte nicht viel über sie nachgedacht. Sie war gekommen und hatte für Verwirrung gesorgt. Deshalb waren wir jetzt wieder auf der Flucht.

Zwar war der Mann, der uns zum Bahnhof gebracht hatte, anständig bestochen worden, aber er konnte leicht Mutters Schmuck angenommen und trotzdem gelogen haben, als er sagte, sie sei in den Zug nach Krakau gestiegen. Vielleicht hatte er Angst bekommen, die Nazis könnten merken, dass er etwas wusste, und war sicherheitshalber selbst zu einem örtlichen Naziposten gegangen. Von einer Minute zur anderen rechnete ich damit, dass Nazis durch die Tür stürmten.

Die Zeit in dem menschenleeren Bahnhof schleppte sich dahin. Wir konnten nicht sicher sein, dass wirklich ein Zug kam. Aber dann trafen ein paar Frauen mit Bündeln und ein Mann mit einer schwarzen Binde über einem Auge ein. Ich erkannte niemanden aus unserem Dorf. Es wäre besser gewesen, wenn wir allein geblieben und nicht von den Bauern angestarrt worden wären, die mit uns im Warteraum saßen. Immerhin war aber die Ankunft der anderen Leute ein Zeichen, dass ein Zug erwartet wurde. Niania war sehr nervös, das merkte ich, als sie fauchte: »Sitz still, Hanusiu!« Sie versuchte immer dafür zu sorgen, dass wir nicht auffielen.

»Ich sitze doch ganz still«, flüsterte ich. Sah sie das denn nicht? Ungeduldig horchte ich auf das verheißungsvolle Klopfen auf den Schienen.

Es war schon tief in der Nacht, als wir die Lokomotive in der Ferne pfeifen hörten. Ein schläfriger Stationsvorsteher kam aus seinem Käfterchen, die Kelle in der Hand. Puffend und rasselnd fuhr der Zug ein. Wir kletterten die Stufen hinauf und stiegen ein. Eine Wolke von weißem Dampf und grauem Rauch hüllte uns ein. Ich wünschte, sie würde sich wie ein Federbett um uns legen und uns allen Blicken entziehen. Wir suchten uns Plätze. Der Zug war nicht voll. Dennoch fühlte ich mich argwöhnischen Blicken ausgesetzt. Überall sah ich potentielle Denunzianten, die sofort erkennen würden, dass ich jüdisch war. Mein Bruder schlief ein.

Als die Räder rollten, bat ich Niania um Erlaubnis, den Kopf aus dem Fenster zu stecken. In dem Nachtwind und dem Schwefelgeruch, die mir ins Gesicht peitschten, fand ich den Schleier, den ich mir gewünscht hatte, seit meine Mutter in dem Dorf aufgetaucht war. Ich schloss die Augen, damit mir keine Ascheflocken und Schlacketeilchen hineinflögen. Das Geräusch der über die Gleisstöße ratternden Räder gab mir das Gefühl, an einem wundervollen Abenteuer teilzunehmen. Allein schon auf der Reise zu sein kam mir wie Freiheit vor.

In Krakau suchten wir Jadwiga auf, das frühere Dienstmädchen von Onkel Samuel und Tante Bella. Sie war noch in der alten Wohnung der Verwandten. Dort lebte jetzt eine Nazifamilie. Die hatte Jadwiga übernommen. Sie war allein, als wir kamen. »Die deutsche Familie ist für ein paar Tage aufs Land gefahren«, sagte sie.

Wir erfuhren von Jadwiga, dass Mutter heil zurückgekehrt sei. Der Mann im Dorf hatte ihren Schmuck genommen und Wort gehalten.

»Pani hat beschlossen, sich einstweilen ins Ghetto zu schleichen«, sagte Jadwiga. »Es war das Einzige, was sie tun konnte. Außerdem wollte sie ihren Bruder sehen und sprechen.« Alle anderen Verwandten aus Mutters Familie waren deportiert worden. Onkel Samuel mit Frau und Tochter waren als Einzige übrig.

»Pani meint, die Kinder sollten zu ihr kommen«, fuhr Jadwiga fort.

Ich verstand kein Wort.

»*Boże mój!* Ich bin hilflos!« Niania rang die Hände. Da bei Jadwiga zu bleiben nicht in Frage kam, weinte Niania: »Wo sollen wir denn hin?« Schließlich stimmte sie Jadwiga zu. Mein Bruder und ich mussten auch ins Ghetto.

»Im Augenblick ist dort alles ruhig«, sagte Jadwiga. »Es gibt keine Gerüchte über Deportationen.« Sie kannte eine abgelegene Stelle, an der sich zwei Kinder leicht unbemerkt hineinschleichen konnten. »Und ich habe Möglichkeiten, mit euch in Verbindung zu bleiben.«

Es war doch verrückt! Wir waren in Nianias Dorf sicher gewesen, bis Mutter aufgetaucht war. Warum war sie nach Krakau zurückgekehrt? Bloß um ins Ghetto zu gehen?

»Ich will nicht von dir fort!« Weinend umarmte ich meine Niania. Jadwiga arbeitete für Nazis. Warum glaubte ihr Niania alles, was sie sagte?

»Ich verspreche dir, Hanusiu, dass ich dich nicht verlassen werde.« Niania bekreuzigte sich. »Ich schwöre beim heiligen Herz Jesu, dass ich euch holen werde.« Sobald sie einen sicheren Ort für uns gefunden hätte, würde sie kommen. Sie umarmte meinen Bruder und mich. Sie segnete uns. Wenn Niania bei diesem heiligen Bild schwor, musste sie ihr Versprechen halten. Ich musste ihr vertrauen. »Ich lasse euch nicht im Stich«, wiederholte Niania.

Ich beruhigte mich. Mein Bruder weinte nicht, er sagte kein Wort.

Die Wächter machten sich nicht immer die Mühe, jeden Punkt dieses abgetrennten Teils der Stadt zu kontrollieren. Jadwigas dunkler Durchgang zwischen zwei Häusern war nicht von den üblichen zwei deutschen Soldaten mit Gewehren bewacht, die sonst hier auf und ab marschierten. Mein Bruder und ich gingen einfach hinein. Wir sahen niemanden. Wir hielten uns an den Händen und schauten geradeaus. Wir gingen nicht zu schnell und versuchten, die Schritte auf dem Kopfsteinpflaster nicht zu laut werden zu lassen. Wir sprachen nicht miteinander. Wir gingen durch einen dunklen Torbogen. Wir traten auf einen offenen Platz hinaus. An einem eisernen Brunnen tröpfelte Wasser aus der Zunge eines grotesk verzerrten Gesichtes. Die Sonne schien. Es war warm. Wir waren allein.

Mein Bruder und ich waren zum ersten Mal an diesem Ort, an den man die Krakauer Juden schon im ersten Kriegsjahr getrieben hatte. Bis jetzt war *Ghetto* nur ein Wort für uns gewesen. Es mutete nicht wie ein Gefängnis an. Nur wie ein bedrückender Ort in einem abgesperrten Teil der Stadt.

Ich war überrascht, Mutter zu sehen. Als sie mit dem polnischen Mann in Nianias Dorf fortgegangen war, hatte ich, glaube ich, nicht weiter darüber nachgedacht, ob ich sie wieder sehen würde. Jetzt stand sie da an der Ecke, in einem mir vertrauten alten Kostüm und Hut, die sie früher, bevor die Nazis kamen, immer zur Arbeit im Büro getragen hatte. Sie stand ganz still. Sie machte keine Bewegung auf uns zu. Die Sonne blitzte aufdringlich auf dem stählernen Verschluss der Handtasche, die sie an sich gedrückt hielt. Rundherum keine Geräusche. Keine Menschen. Keine Juden. Keine Nazis. Niemand.

7. Kapitel

Mutter brachte uns in ihrer Ecke der Wohnung unter, die sie mit Onkel Samuel, Tante Bella und Cousine Raisa teilte. Da gab es ein Bett, in dem wir alle drei schlafen konnten. Ein paar Koffer und Bündel waren unter das Bett geschoben. Als ob wir wieder in den Wartesaal eines Bahnhofs eingetreten wären.

Mein Onkel, meine Tante und Cousine Raisa wohnten hier, seit die Nazis alles jüdische Eigentum und alle jüdischen Wohnungen in Krakau beschlagnahmt hatten. *Beschlagnahmt.* Das Wort hatte ich auch in mein Kriegsvokabular aufgenommen. Als wir die Treppen in den vierten Stock hinaufstiegen, hatte ich Kohlsuppe gerochen. Irgendwo musste jemand etwas zu essen aufgetrieben haben. Ich war hungrig. Wir aßen altes Brot mit einer dunkelroten, süßen Marmelade und tranken Wasser dazu. Ich dachte an all die Kartoffeln, die wir unter dem Bett auf dem Land zurückgelassen hatten.

Ich hatte meine Cousine Raisa nicht gesehen, seit mein Bruder und ich mit Niania nach Łapanów gefahren waren. Als die Deutschen die Stadt übernahmen, war sie vierzehn gewesen. Kurz vor dem Krieg hatte ich meiner Cousine einmal bei einem Umzug mit den Mädchen ihrer Klasse zugeschaut. Die Sonne hatte geschienen, aber Raisa trug einen Regenmantel aus durchsichtigem Material, den ihr Verwandte aus Amerika gerade geschickt hatten. Der Regenmantel bedeckte sie vom Hals bis unterhalb der Knie. Er hatte eine Kapuze, die sie übergezogen hatte. Sie kam mir vor wie eine Puppe in einer Zellophanverpackung. Ich sah ihre Zöpfe, die ihr auf den Rücken hingen, und alles, was sie anhatte. Den Faltenrock. Die Jacke ihrer Schuluniform. Sie trug weiße Kniestrümpfe und Halbschuhe wie Erwachsene, keine Schnürstiefel bis über die Knöchel wie ich. Sie lachte und war hübscher als die anderen Mädchen. Sie fiel auf. Sie war wunderschön. Ich wünschte mir, ich hätte einen durchsichtigen Regenmantel und könnte im Umzug mitmarschieren. Ich wollte zur Schule gehen und Freundinnen haben und »Für Elise« auf dem Klavier spielen. Genau wie Raisa.

Raisa hatte mit der Schule aufhören müssen. Mein Bruder und ich hatten nie eine besucht. Nur polnische Kinder, die wie die Kinder in der deutschen Hitlerjugend zu werden versprachen, durften zur Schule gehen und bei Umzügen mitmarschieren. Ich hatte sie in Krakau auf der Straße gesehen, bevor wir nach Łapanów geflohen waren. Sie trugen dunkle Hemden mit sorgfältig um den Hals geknoteten Tüchern. Sie hoben die Füße im Gleichtakt. Sie salutierten wie die Soldaten mit ausgestrecktem Arm. Sie standen auf der richtigen Seite. Ich hätte auch gern auf der richtigen Seite gestanden. Nicht auf der der Juden. Und jetzt waren wir im Ghetto.

Als Raisa und ihre Eltern ins Ghetto geschickt worden waren, hatte man ihr Klavier beschlagnahmt. Ich fragte mich, was wohl mit ihrem durchsichtigen Regenmantel geschehen war. Raisa sah nicht mehr so hübsch aus wie früher. Die dicken langen Zöpfe, die ihr früher über den Rücken gehangen hatten oder die sie als Schnecken um die Ohren gelegt getragen hatte, waren verschwunden.

»Haben dir die Deutschen die Haare abgeschnitten?«, fragte ich.

»Ich habe sie mir selbst abgeschnitten«, fauchte Raisa. »Es gibt kein Haarwaschpulver, sie sauber zu halten.«

Nachdem der Krieg begonnen hatte, waren schon bald die flachen marineblauen Tüten mit Haarwaschmittel nicht mehr zu bekommen, auf denen Bilder von sehr hübschen Damen abgedruckt waren. Sie posierten in Schräglage, ein Bein in der Luft, und auf der Fußspitze balancierten sie einen hochhackigen Schuh. Den Kopf hatten sie nach hinten gelegt, und langes, glänzendes, schwarzes oder braunes oder hellbondes Haar wallte herab. Niania hatte immer das Shampoo für blonde Haare für sich und meinen Bruder gekauft, das für schwarze Haare für mich. Jetzt mussten wir schon lange unsere Haare mit Kernseife waschen, sofern wir die überhaupt bekamen. Oder wir zogen sie in einem Eimer mit Wasser hin und her. Die Läuse wurden wir nie ganz los. Wenn wir meinten, nun hätten wir aber wirklich die letzte zwischen den Nägeln geknackt, fand Niania wieder die weißen Pünktchen, die wie winzige Rosenkränze bei uns allen hier und da an den Haarsträhnen saßen.

Durch das Eisengitter des Balkons in der Ghetto-Wohnung sahen wir auf einen Hof mit Kopfsteinpflaster hinab. Die deutschen Wachen liefen gewöhnlich zu zweit auf und ab. Als ob sie so sicherer wären. Lachhaft. Kaum eine Bedrohung. Wenn ein Jude oder eine Jüdin hinausging, schauten er oder sie stur geradeaus, verunsichert ohne den Schutz einer Mauer, einer Tür, ohne irgendein Schlupfloch zum Verkriechen. Genau wie mein Bruder und ich am liebsten unter einer magischen Decke verschwunden wären, die unsichtbar machte, als wir uns hereingeschlichen hatten.

Wir bekamen ständig gesagt, wir müssten sehr leise sein. Das Flüstern der eingeschlossenen Erwachsenen klang wie das Geräusch von Insekten, die die Beine aneinander reiben. Unter uns, über uns – wir spürten das gedämpfte Leben eingesperrter Menschen. Sie warteten, dass etwas geschähe. Beteten um Retter. Träumten, dass die Nazis das Interesse verlieren, gähnen und weggehen würden.

Es war abermals ein warmer September. Der Himmel über dem Hof war wolkenlos. Woanders muss der Spätsommer wunderschön und wirklich gewesen sein. Es gab Gerüchte, dass das Ghetto aufgelöst werden sollte. Das bedeutete Abholen und Transporte. Oder? Und Deportation in Viehwaggons?

Niemand hatte von Niania gesprochen, seit wir hier waren. Mein Bruder und ich saßen in der Ecke am Bett und flüsterten miteinander.

»Glaubst du, dass sie kommt?«, fragte mein Bruder.

»Natürlich kommt sie«, sagte ich.

Um den Hals trugen wir Anhänger mit der Jungfrau Maria, dem Christuskind, dem heiligen Antonius und anderen Heiligen, auf die Niania vertraute. Die Verwandten hatten den Kopf geschüttelt und versucht, uns die Medaillons abzunehmen. Ich hatte es nicht zugelassen.

Als der Krieg begann und wir wirklich ihre Kinder geworden waren, hatte Niania uns die Anhänger umgehängt. Ich betastete meine gern. Mit dem Finger folgte ich den Umrissen der kleinen erhabenen Figur der Jungfrau Maria, die mit ausgestreckten Armen auf der Erdkugel stand. Ich konnte die winzigen Punkte fühlen, die den Heiligenschein aus Sternen über ihrem Kopf darstellen sollten. Wenn ich meine Anhänger betastete, fühlte ich mich sicherer. Sie machten uns weniger jüdisch. Die Heilige Mutter Gottes und Niania würden sich wieder um uns kümmern.

Dann kam der Augenblick, in dem wir erneut aus dem zeitlosen Zustand aufgerüttelt wurden und an Verstecken oder Fliehen denken mussten.

»Morgen früh geht es los.« Ein Mann sprach an der Tür mit meinem Onkel. »Haltet euch bereit«, flüsterte er. »Ich komme dann.«

Alles war still. Wir warteten. Die ganze Nacht saßen mein Bruder und ich in einer Ecke des Raumes auf dem Fußboden und warteten schweigend im Dunkeln. Die Stimmen und Geräusche aus den anderen Wohnungen unter uns und über uns verklangen und gingen über in das unregelmäßige Scharren der Mäuse. Ab und zu drang das Rumpeln eines Lastwagens oder eine ferne Sirene aus dem freien Teil der Stadt zu uns. Ich weiß nicht, ob ich eingenickt bin.

An der Tür ertönte ein hastiges Pochen. Der Mann, der am Abend zuvor mit meinem Onkel gesprochen hatte, war zurück. Er war groß und nicht besonders dunkel. Er sah nicht jüdisch aus. »Kommt mit.« Er winkte meiner Mutter und meinem Bruder und mir.

Wir wussten, dass es gesunde jüdische Männer gab, die von den Nazis gezwungen worden waren, Leute ausfindig zu machen, die fliehen wollten. Wenn er einer von denen war, wieso wagte er dann den Versuch, uns zu helfen? Mein Onkel war ein erfolgreicher Architekt. Vielleicht hatte der Mann für ihn gearbeitet? Das war vielleicht die Erklärung. Wohin brachte er uns? Warum sollten wir ihm trauen?

»Geht mit!«, sagte mein Onkel. »Er weiß, was zu tun ist!«

»Bleibt ihr hier und wartet«, sagte der Mann zu meinem Onkel und meiner Tante und Cousine Raisa. »Ich komme wieder.«

Mein Bruder und ich folgten Mutter und dem Mann, so leise wir konnten, die Treppe hinauf.

Über dem obersten Stockwerk und dem Dachboden gab es einen engen Zwischenraum. Er war voll gestopft mit Männern und Frauen, die dicht an dicht auf dem Boden direkt unter den Balken des schrägen Daches lagen. Der Geruch nach Schweiß und Mottenkugeln mischte sich mit dem sommerlich-ländlichen Geruch von trockenem Holz und Staub. Ich hielt den Atem an. Das Versteck war zum Ersticken. »Die können nicht auch noch hier herein«, hörte ich eine Frau flüstern. »Drei mehr können wir nicht unterbringen!«

Zwei chassidische Juden in langen schwarzen Mänteln und mit Schläfenlocken knurrten: »*Kinder!* Bringen Sie bloß keine *Kinder* her! Die halten nicht still!« Ich dachte an Nianias Abneigung gegen den Chassiden zu Hause auf dem Balkon. »Die *Kinder* werden uns verraten!«

»Seid still!« Unser Mann wurde ärgerlich. »Lasst sie rein. Sonst setz ich euch auf die Liste!« Das ließ die Beschwerden verstummen.

Wir krochen auf allen vieren durch die niedrige Öffnung. Einer der Chassiden rutschte ein Stück hinüber, um Mutter Platz zu machen. Mein Bruder kletterte über sie hinweg und quetschte sich dazwischen. Ich schob mich in den restlichen Raum auf ihrer anderen Seite.

»Keine Geräusche!«, sagte der Mann, der uns hergebracht hatte. »Und dass sich niemand rührt und regt, bis ich zurück bin.« Er schloss die niedrige Luke und war fort. Zurück blieb ein verängstigter, gereizter Haufen von Körpern im Wartezustand, die sich nicht zu regen und kaum zu atmen wagten. Nur ein paar Bretter und eine dünne Lage von brüchigem Putz trennten uns von der Wohnung unter uns.

Da lagen wir. Ein Haufen von übel riechenden jüdischen Fremden. Stunden lagen wir da, wie Schmorfleisch in einem Kochtopf auf dem Feuer. Warteten, dass jemand den Deckel abnähme und uns herauslöffelte. Und weil wir uns versteckt und nicht ehrerbietig gewartet hatten, dass man uns zusammentrieb, würden uns die Nazis bestimmt gleich auf den Hof bringen und an die Wand stellen und erschießen.

Niania hatte immer gewusst, wohin. Warum wurde uns das jetzt angetan? Warum ließ Niania das zu? Auf dem Land von Haus zu Haus zu gehen und Leinen gegen Brot und Kartoffeln zu tauschen hatte Spaß gemacht. Laufen und sich vor den Bauern verbergen war besser gewesen als das hier.

Den ganzen Tag lagen wir da und lauschten auf die deutschen Stimmen. Zunächst in der Ferne. Sie brüllten und fluchten wie gewöhnlich: *»Raus! Schnell! Verdammte dreckige Juden!«* Sie kamen näher und näher. Bis schließlich klar war, dass sie in unserem Haus waren. Wir hörten keine Klagen von den Menschen, die da hinausgescheucht wurden. Nur das Geräusch von Bündeln, die über Treppenstufen geschleift wurden. Den dumpfen Aufprall eines fallenden Packens, die Wutausbrüche der ungeduldigen Deutschen, die die Menschen vor sich hertrieben. Inmitten dieses Haufens von leisem Wahnsinn kam mir in unserem Raum unter dem Dach ein Gedanke, der über alles Entsetzen und alles Unbehagen meines eigenen Körpers hinausging: Ich hörte keine Babys weinen. Keine Schritte von Kindern. Wo waren die? Gab es hier keine Kinder mehr?

Endlich erreichten die Deutschen die oberste Wohnung des Hauses. Wenn einer von uns geniest oder wenn ein Brett geknarrt hätte, würden die Kugeln aus den Gewehren der Nazis durch die Wände und die niedrigen Decken gekracht sein.

Mein Kopf juckte. Ich wagte mich nicht zu kratzen, weil ich leicht gegen einen Balken hätte stoßen können. Ich bewegte die Augen, ohne den Kopf zu drehen, und schaute auf meine Mutter. Sie lag ganz still. Flach auf dem Rücken. Sie hatte die Augen offen, aber sie kam mir vor wie die Leiche der alten Frau, die wir auf dem Land einmal gesehen hatten. Die tote Frau war auf den Tisch in ihrer Kate gelegt worden. Ihre lange, dünne Nase ragte weit aus dem Gesicht heraus. Und ihre Füße zeigten säuberlich nach oben. Mutters große Nase und aufgerichteten Füße sahen genauso aus wie die der Leiche.

Ein wenig konnte ich auch von meinem Bruder erkennen. Er

war ein niedliches Mädchen und so gehorsam. Er bewegte seine Augen nicht. Er hatte sie geschlossen. Vielleicht war er eingeschlafen.

Eine Ewigkeit verging, ehe die Geräusche der Razzia verklangen. Es muss Abend sein, dachte ich. Ich fühlte die Dunkelheit mehr, als dass ich sie sah. Die Menschen begannen sich zu rühren. »Scht«, zischte meine Mutter. »Bewegt euch noch nicht.« Wir hörten Schritte auf den Eingang unseres Verstecks zukommen. Es hätte immer noch ein Nazi auf einem letzten Rundgang sein können. Aber es war der Mann, der uns hergebracht hatte. Er winkte uns von dem niedrigen Eingang her zu. Wir konnten herauskrabbeln.

Ich versuchte Arme und Beine zu bewegen. Sie waren ganz taub. Ich stützte mich auf dem Boden ab und kauerte mich hin. Die Leute reckten die Glieder. In der schweren Luft mischte sich Erleichterung und eine Art Freude mit den Gerüchen, die wir während der Stunden in diesem Verschlag hervorgebracht hatten.

»Es lag die ganze Zeit hier neben mir!«, hörte ich meine Mutter ärgerlich dem Chassiden zuflüstern, der uns nicht hatte einlassen wollen. »Und jetzt ist es weg!« Mutter hatte ein kleines Portemonnaie mit ein wenig Geld darin bei sich gehabt. Es war das Einzige, was sie mit ins Versteck genommen hatte. Nun war es nicht mehr da. Unter dem niedrigen Dach knieten Mutter und der Chassid und sahen sich an. Sie packte ihn an den Schultern und schüttelte ihn. »Haben Sie es geklaut, Sie Schwein?«

Er stieß Mutter beiseite. Brummend kroch er weg. Die übrigen Menschen hatten angefangen, auf allen vieren zum Ausgang zu kriechen. Verunsichert und schweigend machten wir uns auf den Weg nach unten.

Der Mann, der uns geholfen hatte, brachte uns zurück zu Onkel und Tante und Raisa. Sie waren in der Wohnung geblieben. Der Mann musste gewusst haben, dass sie nicht auf der Liste standen.

Offiziell standen meine Mutter und mein Bruder und ich auf gar keiner Liste. Wir hatten uns eingeschlichen. Wir waren ohne Erlaubnis im Ghetto. Das würde in den Augen der Nazis alles nur noch schlimmer gemacht haben. Onkel Samuel und der Mann, der uns gerettet hatte, umarmten sich.

Mutter weinte wegen ihres verlorenen Portemonnaies. »Wie kann ein Jude so etwas tun?«

Warum regte sie sich wegen eines kleinen Portemonnaies so auf? Ich war froh, dass ich meinen Körper wieder für mich hatte. Froh, dass die Nazis weg waren. Dass ich einstweilen nicht darüber nachdenken musste, dass ihre Schüsse vielleicht durch den Fußboden oder die Wand krachten.

Mutter umarmte den Rest ihrer Familie. *»Gott sei Dank!«*, sagte Onkel Samuel auf Deutsch.

Für den Augenblick waren wir in Sicherheit. Erschöpft und wie betäubt saß ich mit meinem Bruder in einer Ecke. Wir hatten eine richtige Razzia der Nazis überstanden. Und nun?

Ich weiß nicht, woher er es wusste, aber ein paar Tage später sagte mein Onkel, es sei ein sicherer Ort gefunden worden. Mein Bruder und ich könnten uns aus dem Ghetto schleichen und zu Niania zurückkehren.

8. Kapitel

Am helllichten Tage machten mein Bruder und ich uns auf den Weg, über eine kleine steinerne Brücke, aus dem Ghetto hinaus. Es war ein warmer und stiller Herbsttag. Die Sonne schien und der Himmel war blau.

Auf beiden Seiten war die Brücke von einer Balustrade aus kurzen Säulen eingefasst. Vor uns, etwas tiefer, sahen wir Kopf und Schultern von zwei deutschen Posten. Lachen und der Geruch ihrer Zigaretten trieben auf uns zu. Ich konnte die Bajonette auf ihren Gewehren erkennen.

Wir gingen mitten auf der Brücke und ich hoffte, dass wir unbemerkt blieben. Der kurze, solide steinerne Weg unter unseren Füßen fühlte sich an wie ein Drahtseil. Ich hielt meinen Bruder an der Hand. Wir kommen hinüber, dachte ich. Wir schaffen es. Wir waren doch immer durchgeschlüpft. Es war einfach ein weiteres Abenteuer. Schon verringerte sich der Abstand zur sicheren Seite. Die Posten blickten nicht in unsere Richtung. Noch nicht.

Und dann entdeckten wir Niania. Sie lehnte im Eingang des ersten Hauses auf der anderen Seite der Brücke. In der Hand hielt sie ein Einkaufsnetz. Wie schlau Niania ist, dachte ich. Sie tut, als wäre sie eine Hausfrau, die da herauskommt und auf den Markt will. Ich ahnte, dass mein Bruder gerne einfach losgerannt wäre. Ich drückte

Mein Vater (ganz rechts) und seine Familie in Łapanów. Das Foto wurde wahrscheinlich zur Zeit seiner Bar Mizwa aufgenommen. (Die Fotos von vor 1945 überlebten entweder, weil meine Mutter sie in den Säumen ihrer Kleidung versteckt hatte, oder weil mein Vater sie mit nach Russland genommen hatte.)

Die Eltern meines Vaters in Łapanów. Die Frau ist Babcia. Den Vater meines Vaters habe ich nie kennen gelernt; er starb kurz nach meiner Geburt.

Die Familie in Łapanów
auf den Stufen der Bierhalle.
Wahrscheinlich 1938–39

Die Rückseite des Hauses, in dem die Eltern und die Schwester meiner Mutter wohnten. Krakau, Anfang der dreißiger Jahre.

Mein Vater mit einem Freund im Café. Wien, ca. 1933

Mutter in Krakau, etwa zur Zeit meiner Geburt.

Vater im Skiurlaub in Zakopane, mit einer Freundin. Ca. 1938

Die Schwester
meiner Mutter,
die mir oft vorlas,
Anfang der
dreißiger Jahre.

Das Bild mit dem Engel, das in Krakau über meinem Bett hing. Jahrelang hatte ich das Bild im Kopf. Ein katholisches Mädchen, das ich in New York kennen lernte, erkannte das Bild nach meiner Beschreibung wieder. Sie besaß eine Kopie und lieh sie mir; ich ließ das Bild fotografieren und das Foto rahmen.

Badespaß vor dem Krieg. Mein Vater sitzt halb rechts auf einem Felsen. Neben ihm Tante Bella, Onkel Samuel und Cousine Raisa. Die anderen kenne ich nicht.
Sommer 1938

Mein Bruder (r.) und ich (l.) nach der Ankunft der Fähre, die uns im Auftrag des Schwedischen Roten Kreuzes über die Ostsee nach Schweden brachte.
Dieses Foto stammt aus einer schwedischen Zeitung vom Mai 1945.

Mutter und Niania, neben einem Heuhaufen; Niania schläft. Irgendwo außerhalb von Krakau, gleich nach dem Krieg.

Mutter und Niania
in Krakau nach der
Befreiung 1945.
Dies ist das Bild, das
sie mir ins Sanatorium
schickten.

Mein Vater auf einem noch
in Russland aufgenommenen
Foto. 1946

Mutter auf einem Foto,
das für ihren Pass für
Schweden aufgenommen
wurde. 1947

seine Hand so fest, dass er nur einen Fuß vor den anderen setzte und sich meinem Schritt anpasste.

Wir hatten den halben Weg hinter uns, als ein Nazi auf einem Motorrad mit Beiwagen und darin einem weiteren Nazi auf den Brückenaufgang ratterte. Sie hielten an und riefen den Soldaten unter der Brücke etwas zu. Jetzt würden sie uns gleich sehen müssen. Ich fühlte, wie mein Bruder meine Hand fester packte.

Ich dachte an den schönen Engel auf dem Bild, das vor dem Krieg über meinem Bett gehangen hatte. Mit seinen großen Flügeln schwebt er über den Kindern, hüllt sie fast ein, während sie auf dem Steg eine Schlucht überqueren. *Bitte mach meinen Bruder und mich unsichtbar.* Nur noch ein paar Schritte, dann sind wir bei Niania, dachte ich. Ich betete, dass Niania einfach still in ihrer Haustür stehen blieb. Wir würden hinüberkommen. Wir mussten. Ich hörte den Motor wieder starten. Wir gingen weiter. Das Motorrad mit den zwei Nazis fuhr weg, in die Richtung, aus der es gekommen war. Die beiden anderen Soldaten waren jetzt unter der Brücke und für uns nicht mehr sichtbar. Wir marschierten fast genau über ihre Köpfe hinweg und hörten weiterhin ihre Stimmen. Als wir Niania in ihrem Eingang erreichten, roch ich noch immer ihre Zigaretten. Die Soldaten hatten keine Lust gehabt, sich um zwei Kinder zu kümmern, die leise über eine Brücke liefen.

Niania hatte die Lippen fest zusammengepresst. Ihr Gesicht war unbewegt wie eine Maske. Sie hängte sich das Einkaufsnetz über den Arm und nahm die Hand meines Bruders. Dann nahm sie meine Hand. Niania in der Mitte, gingen wir langsam, als müssten wir die Steine des Gehwegs mit unseren Füßen ausmessen, weg vom Ghetto.

9. Kapitel

Niania hatte ein Stück schwarzes Tuch mitgebracht. Sobald wir außer Gefahr waren, machte sie daraus eine behelfsmäßige Binde und legte sie mir so um den Kopf, dass mein rechtes Auge verdeckt war. »Ich weiß einen Ort, wo wir bleiben können«, sagte Niania. »Da sind wir in Sicherheit.«

Sie hatte Zuflucht in einem Benediktinerinnen-Kloster gefunden. Das Krankenhaus gleich gegenüber wurde von Mönchen desselben Ordens betrieben. Wir müssten in der Obhut des Klosters bleiben, sagte Niania, damit ich den Arzt aufsuchen könnte. Ich brauchte ärztliche Behandlung für mein Auge, hatte Niania den Nonnen erzählt. Was sie ihnen sonst noch gesagt hat, weiß ich nicht. Die Benediktinerinnen ließen uns ein.

Niania hatte sich die Geschichte mit dem Auge ausgedacht, nicht nur, um uns Einlass zu verschaffen, sondern auch, um einen Teil meines Gesichts zu verbergen. Um eins meiner dunklen Augen mit den schweren Lidern zu verstecken, die so betrüblich semitisch aussahen. Wenn ich mich im Spiegel betrachtete, konnte ich immer nur denken: Jüdin, Jüdin. Hässliches, deutlich jüdisches Mädchen. Mein Bruder hatte unter seinem Rock viel belastendere Dinge zu verstecken, aber für die Außenwelt war er ein niedliches blondes Mädchen mit einer kleinen Nase.

Die Binde über meinem Auge war oft unangenehm. Meine Wimpern verhakten sich darin, die Haut juckte und das Auge tat weh. Ich vergaß nie, über welches Auge die Binde gehörte. Das Lid wurde richtig gequetscht. Das Auge sah bald aus, als brauchte es wirklich ärztliche Behandlung. Manchmal, wenn ich es für ungefährlich hielt und Niania nicht guckte, schob ich die Binde hoch, auf die Stirn. Aber im Allgemeinen behielt ich sie pflichtbewusst an, vom Augenblick des Aufwachens am Morgen bis zum Zubettgehen am Abend.

Wir waren in einem großen Raum zusammen mit anderen Frauen untergebracht. Für Männer gab es einen ähnlichen Raum. Wir waren so daran gewöhnt, dass mein Bruder ein Mädchen spielte, dass wir wirklich zu glauben begannen, er wäre eines. Wenn Niania den Nonnen etwas erklärt hatte, so wurde nicht darüber gesprochen. Wir drei blieben zusammen.

Der Raum war einem Krankensaal ähnlich, mit zwei ordentlichen Reihen von weißen Betten. Wir bekamen eine Ecke mit zwei Betten zugewiesen, die mit sauberen Leintüchern bezogen waren. Mein Bruder und ich schliefen in dem einen Bett, Niania in dem anderen. Alle waren selbst dafür verantwortlich, dass ihr Bereich sauber war. Es gab einen Speisesaal mit hölzernen Tischen und Bänken. Dort boten uns die Nonnen Gemüsesuppe mit Kohl, Bohnen und Kartoffeln an. Ich fand die Suppe köstlich. Wir beteten vor und nach jeder Mahlzeit.

Es war ein gutes Leben im Kloster. Die Nonnen waren nett zu uns. Wir lebten wieder in der Stadt, die ich liebte. Wenn wir zur Messe nicht in die kleine Kapelle der Benediktiner gingen, besuchten wir die große *Kościoł Mariacki* (Marienkirche) in der Stadt. Niania fand es weniger gefährlich, mit uns in einer großen Kirche in der Großstadt gesehen zu werden als in einer kleinen Dorfkirche auf dem Land. Wenn wir nicht in der Kirche waren, sangen mein

Bruder und ich die Messe oft für uns; wir konnten sie auswendig. Bei unseren Aufführungen gaben wir insgeheim meinem Bruder sein männliches Geschlecht zurück: In unseren Spielen war immer er der Priester, ich der Chor der Nonnen und die Gemeinde.

In unserem Saal im Konvent schlossen wir Freundschaft mit einem rotwangigen Mädchen. Krysia und ihre Mutter hatten zwei Betten unseren gegenüber auf der anderen Seite des Mittelgangs. »Sie sieht so gesund aus«, versicherten die Leute ihrer Mutter immer. Aber unsere Freundin war nicht gesund. Ihre glühenden Wangen waren das gefürchtete Zeichen der Tuberkulose.

Mein Bruder und ich spielten mit Krysia. Wir kletterten auf die Ziegelmauer, die den Klosterhof umgab, und balancierten darauf entlang. Krysia neckte mich und zog mich an den Haaren.

»Warum sind die Haare deiner Schwester so kurz?«, fragte sie. »Ihre Haare sind schöner als deine.«

Ich bekam Angst. Krysia war schlau.

»Lockiges Haar ist hübscher, wenn es kurz geschnitten ist«, sagte mein Bruder schnell. »Mama mag das lieber.« Er konnte auch schlau sein.

Wir setzten uns auf einen Ast der Eiche, die im Hof stand, und ließen die Beine baumeln. Wir konnten den Fluss sehen und den Wawel, das Schloss.

»Mama sagt, wir bleiben nicht mehr lange bei den Nonnen.« Krysias Mutter hatte ihr erzählt, sie warteten nur noch auf Krysias Vater, den Grafen. Er würde bald kommen und sie holen. »Ich glaube nicht, dass er wirklich kommt«, sagte Krysia.

Krysias Mutter war sehr schön. Sie hatte blaue Augen und welliges blondes Haar, wie ich es nur bei Filmstars gesehen hatte. Jeden Abend wusch sie ihre Spitzenbluse in einer Blechschüssel, die sie unter dem Bett stehen hatte. Sie drückte sie aus. Sie glättete die Bluse. Schließlich hängte sie sie zum Trocknen auf eine Schnur, die sie zwischen Krysias Bett und ihrem eigenen gespannt hatte. Jeden Morgen prüfte sie die Bluse sorgfältig und nähte kleine Risse mit Nadel und Faden zusammen, die sie in einem abgewetzten ledernen Köfferchen unter dem Bett aufbewahrte. Es hatte elegante Messingschlösser. Ich weiß nicht, was sie sonst noch darin hatte. Sie kramte oft drin herum, als suchte sie etwas. »Geh, spiel mit deinen Freundinnen, Krysiu«, sagte sie, wenn sie allein sein und sich auf etwas in ihrem Köfferchen konzentrieren wollte.

Es gab in dem Asyl der Benediktinerinnen im zweiten Stock, wo die meisten von uns untergebracht waren, ein richtiges Badezimmer mit fließendem Wasser und einem Waschbecken. Und eine große Badewanne mit kurzen Beinen, die wie Löwentatzen aussahen, war auch da. Wir benutzten das Bad jedoch nie. Wir holten unser Wasser mit einem Eimer aus dem Brunnen im Hof. Mit einem Krug füllten wir es in eine große Blechschüssel. Wir wuschen uns in unserer Ecke. Niania wusch unsere Kleider. Unter dem Bett stand ein Nachttopf. Wir hatten immer noch Läuse, aber davon abgesehen kamen wir uns nicht mehr so schmutzig vor.

Eines Tages liefen mein Bruder und ich beim Versteckspiel die Treppe hinauf und hinunter und suchten Krysia. Wir kamen an dem Badezimmer vorbei. Ich versuchte die Tür zu öffnen. Sie war verschlossen. »Sie ist bestimmt dadrinnen«, flüsterte mein Bruder. Ich schob meine Augenbinde hoch und schaute durch das Schlüsselloch.

Eine nackte alte Frau saß in der Badewanne, bis zur Hüfte im Wasser. Ich brauchte einen Augenblick, bis ich sie erkannt hatte. Es war Schwester Ignacja. Die einzigen Körperteile, die ich je von einer Nonne gesehen hatte, waren nackte Füße in Sandalen gewesen. Die Arme blieben bis zu den Ellenbogen stets unsichtbar, und das Gesicht war immer eingerahmt von gestärktem weißen Leinen und halb verdeckt von dem braunen Schleiertuch. Ich stellte fest, dass Schwester Ignacja Haare auf dem Kopf hatte. Einfach kurze, graue Stoppeln. Ich beobachtete die Nonne, wie sie jetzt einen Waschlappen einseifte und sich sorgfältig die flachen, dünnen Brüste wusch, die im Badewasser tanzten. Sie langte nach unten und wusch sich zwischen den Beinen. Ich trat vom Schlüsselloch zurück und ließ meinen Bruder hindurchspähen. Er begann zu kichern. Ich legte ihm die Hand auf den Mund und zog ihn von der Badezimmertür weg.

Warum war uns dieser Anblick nicht erspart geblieben? Ich war beschämt und erschrocken. Wir hatten etwas gesehen, das zu sehen uns nicht zustand. Eine nackte Nonne so zu beobachten war bestimmt eine Sünde. Wir hatten nicht mit Absicht gesündigt. Aber der Anblick hatte mich interessiert. Wenn ich allein gewesen wäre, hätte ich bestimmt noch länger zugeschaut, um zu erfahren, was Schwester Ignacja in der Badewanne machte.

Ich hoffte nur, dass Krysia nicht plötzlich auftauchte. »Ich finde, wir suchen Krysia nicht weiter«, sagte ich zu meinem Bruder. Ich war sicher, sie würde Niania erzählt haben, was wir gesehen hatten. Vielleicht sogar den Nonnen. Mein Bruder und ich gingen leise die Treppe hinunter und setzten uns auf eine Bank im Hof.

Es war ein schöner warmer Tag. Mehrere Nonnen saßen unter einem Baum und pellten Kartoffeln. Ich konnte an nichts als an ihre nackten Körper unter den braunen Kutten denken. Und an die geschorenen Köpfe unter den Schleiern. Ich wollte nicht auf diese Weise an die Schwestern denken. Ich hatte geglaubt, dass die Körper von Priestern und Nonnen von vielen der Dinge befreit wären, mit denen wir anderen behaftet waren. Wenn der Krieg je zu Ende ging, wenn ich je aufhören könnte Jüdin zu sein, wollte ich Nonne werden. Ich hatte die Nonnen mit aufgerollten Ärmeln sich Hände und Unterarme waschen sehen. Geschirr spülen. Wäsche waschen.

Aber nie hatte ich vermutet, dass sie auch kleines und großes Geschäft zu erledigen hätten und einen Waschlappen nehmen und sich zwischen den Beinen waschen müssten. Schwester Ignacja war so schrecklich nackt gewesen da in ihrer Badewanne.

»Wir dürfen Niania nichts davon erzählen«, sagte ich zu meinem Bruder.

»Und Krysia erzählen wir es auch nicht«, entschied er.

Wenn wir zur Beichte hätten gehen können, wäre uns die Sünde abgenommen worden. Aber das erlaubte Niania nicht. Wir beteten. Wir sangen. Wir verbrachten Stunden auf den Knien in der Kirche und in der Klosterkapelle. Vom *Kyrie eleison* bis zum *Ite missa est* und dem *Deo gratias* kannten wir die lateinische Messe auswendig. Die Mutter Gottes und die Heiligen würden uns schützen. Das hatte uns Niania immer gesagt. Aber Katholiken waren wir nicht. Die Kommunion kam nicht in Frage. Wir waren Juden. Und jüdische Sünden waren schlimmer. Immer. Mein Bruder und ich saßen still da und beschäftigten uns mit unserem Geheimnis, als Krysia auf uns zugerannt kam, mit zwei glühend roten Flecken auf den Wangen.

»Wir haben überall nach dir gesucht«, log ich.

»Ich hab unter den Stufen der Kapelle gesessen und fast schon Fahnen geschwenkt!« Krysia war ungehalten. »Ihr Mädchen müsst ganz schön blind sein, alle beide. Blind, blind, blind.«

10. Kapitel

Eines Tages besuchten wir die Messe in der großen Kirche im Zentrum. Es war ein warmer Tag.

Als wir nach der Messe wieder gingen, bemerkte Niania plötzlich, dass sie ihre Jacke liegen gelassen hatte. Wir rannten zurück, aber sie war fort. Wir suchten eine Bankreihe nach der anderen ab. Wir krochen auf dem Steinfußboden herum, um nach ihr zu schauen. Wir suchten sogar in Ecken, in denen wir gar nicht gewesen waren. Wir fragten den Küster, der durch die Gänge schlurfte; er schüttelte nur den Kopf. Niania begann zu weinen. In einer der Seitenkapellen betete sie zur Mutter Gottes. In einer anderen betete sie zum heiligen Antonius. Mein Bruder und ich beteten ebenfalls.

Wir verließen die Kirche und gingen über den großen Platz. Niania weinte und wiederholte immer wieder: »Heilige Mutter Gottes, hilf mir! Hilf mir!« Mein Bruder und ich wussten nicht, was tun. Plötzlich packte uns Niania beide an der Hand. »*Matka Boska* hat unsere Gebete erhört«, flüsterte sie erregt und zog und zerrte uns eilig zurück in die Kirche. Der Küster war fort. Wir suchten. Wir krochen abermals unter die Bänke. Es war vergebens.

Niania war nicht wegen einer gewöhnlichen Jacke so aus der Fassung. Es ging um die Jacke mit dem eingenähten Schmuck, den ihr Mutter zusammen mit dem Leinenzeug gebracht hatte, als wir in

Nianias Dorf fuhren. Ich hörte sie noch sagen: »Ich hoffe, dass ich den nie verwenden muss.« Auf dem Land hatten wir uns durchgeschlagen, indem wir das Leinenzeug zum Tausch anboten. Ich hatte nie gesehen, dass Niania den Saum ihrer Jacke auftrennte und Schmuck herausnahm. Wer immer die Jacke gefunden und mitgenommen hatte, würde sich vermutlich, auch ohne etwas von den verborgenen Schätzen zu ahnen, glücklich schätzen, ein anständiges Kleidungsstück erwischt zu haben, das man tragen oder auf dem schwarzen Markt tauschen konnte.

Ich wollte verhindern, dass Niania wieder ihre Kopfschmerzen bekam. »Es muss Gottes Wille gewesen sein«, versuchte ich sie zu beruhigen.

»Ja, Gottes Wille«, wiederholte mein Bruder. »Weine nicht mehr, Nianiusiu.«

Während unserer ganzen besessenen Suche hatte ich nicht gesagt, was ich dachte: Die Jacke hatte Niania gehört. Der Schmuck in den Säumen war jüdisch. Vielleicht hatte deshalb die Mutter Gottes unsere Gebete nicht erhört.

Ich weiß nicht, wie Niania zu der Zeit mit unserer Mutter Kontakt halten konnte. Irgendwie gelang es ihr. Ein paar Tage nachdem wir die Jacke verloren hatten, trafen wir uns zu viert in einer abgelegenen Ecke des Parks.

Es war ein warmer Tag und die Sonne schien. Wir saßen auf einer Bank. Mutter erzählte uns, wie sie nach der »Aktion« im Ghetto über die gleiche Brücke hatte entkommen können, über die mein Bruder und ich gegangen waren. Ich dachte an die zwei Naziposten, die am Ufer unter der Brücke gestanden und geraucht und gelacht hatten, als mein Bruder und ich uns am helllichten Tage hinausgeschlichen hatten. »An dem Abend brach ein schweres Unwetter los«, sagte Mutter. »Ich bin nicht einmal sicher, dass die Brücke überhaupt bewacht war. Ich bin einfach hinübergegangen.«

Jetzt war das Ghetto leer. Aufgelöst. Onkel Samuel, Tante Bella und Raisa hatten ohne falsche Papiere, wie Mutter sie besaß, nicht gewagt fortzugehen. Sie waren ins Arbeitslager Płaszów in der Nähe von Krakau gebracht worden. Sie lebten noch.

»Ich habe eine Stelle«, sagte Mutter. Ihre falschen Papiere überzeugten noch immer. Sie hatte nicht nur Arbeit, sondern die sogar in der Küche einer Nazifamilie in Krakau. Ich hatte keine Ahnung, ob Mutter kochen konnte. In unserem Haushalt hatte es vor dem Krieg eine Köchin gegeben. Ich hatte nie eine von Mutter bereitete Mahlzeit gegessen. Sie sprach gut Deutsch. Das musste sie an sich schon verdächtig machen, in Polen waren es oft die Juden, die Deutsch sprachen. »Ich weiß nicht, was werden soll«, seufzte Mutter. »Einstweilen habe ich ein Dach über dem Kopf. Und zu essen.«

Niania hatte schweigend mit den Knöpfen an ihrem Kleid gespielt. Ich wusste, dass sie abwartete; dass sie Angst hatte vor dem Augenblick, an dem sie Mutter von der verlorenen Jacke berichten musste. Schließlich kam sie damit heraus.

»Ach, *boże mój*, wie konntest du nur so dämlich sein!« Mutter schrie Niania an und rang die Hände. »*Boże mój*, was für eine Dummheit!«

»Es tut mir so Leid ... so Leid!«, wimmerte Niania. »Es tut mir ja so Leid.«

Mutter fuhr fort sie herunterzuputzen.

»Scht, seid still!« Ich versuchte sie beide vom Wimmern und Schelten abzuhalten. »Seid doch leise!« Ich sah mich um. Aus einem Gebüsch stürzte bellend ein großer Hund und rannte auf uns zu. Ich erwartete, dass gleich hinter ihm Nazis auftauchen würden, bereit, uns ins Unglück zu stürzen. Der Hund rannte an uns vorbei. Ein Junge mit einem Stock in der Hand kam hinter ihm her. Im nächsten Moment waren Hund und Junge hinter einer Biegung des Weges verschwunden. Wir waren wieder allein. Aber ich fühlte mich von Gefahr eingeschlossen. Ich spürte, dass sie in dem Haufen verstaubter Büsche drohte. An dem gewundenen Pfad, der sich in der Ferne verlor. In den Wolken am Himmel. Und Mutter schrie und keifte wegen des verlorenen Tands.

Ich hätte sie gern daran erinnert, dass sie uns schon einmal in Verlegenheit gebracht hatte, als sie ohne jede Vorwarnung in Nianias Dorf aufgetaucht war. Das einzige Mal, dass ich Mutter Schmuck zum Tausch hatte anbieten sehen, war gewesen, als sie den Bauern bestach, der gedroht hatte, uns anzuzeigen. Sicher, es war wichtig, etwas Wertvolles zum Tauschen zu haben. Ebenso wichtig war es aber, keine Aufmerksamkeit auf sich zu lenken. Für den Augenblick hatte Niania ein gutes Obdach für uns drei gefunden. Wir waren im Kloster der Benediktinerinnen gut aufgehoben. Bis die Nazis fortgingen, bis der Krieg vorbei wäre, wollte ich, dass alles so blieb, wie es war.

»Es war nicht Nianias Schuld«, sagte mein Bruder ruhig. »Es war Gottes Wille.«

Mutter fasste sich wieder. Sie umarmte meinen Bruder. Sie nahm Nianias Hand. »Gott schütze uns alle.« Sie seufzte.

Ich hoffte, sie erwartete nicht, dass der jüdische Gott uns schützte. Da sie sich bei den Nazis, für die sie arbeitete, als polnische Katholikin ausgab, hoffte ich außerdem, dass sie einen Rosenkranz besaß und nicht vergaß, sich zu bekreuzigen, wenn sie von Gott sprach.

11. Kapitel

Wir saßen mit Krysia unter den Stufen zur Kapelle. Irgendwo hatte sie ein Kartenspiel gefunden. Jetzt versuchte sie uns ein Spiel beizubringen. Sie wurde ungeduldig: »Das ist doch blöd! Ihr Mädchen lernt das nie!« Sie riss uns die Karten aus den Händen und warf sie auf den Boden. Dann schleuderte sie die, die sie selbst gehabt hatte, obendrauf. Ich fand das unfair. Selbst wenn mein Bruder und ich ihr Spiel perfekt zu spielen gelernt hätten, wären wir nicht weit damit gekommen. Krysia wusste sehr gut, dass etliche Karten in dem Spiel fehlten.

Mein Bruder sammelte die verstreuten Karten ein und stopfte sie in einen Spalt in der Ziegelmauer.

»Ich weiß, was wir machen können«, platzte Krysia plötzlich heraus. »Es gibt ein Karussell nicht weit vom Schloss. Lasst uns hingehen.«

»Mama will nicht, dass wir allein herumlaufen«, sagte mein Bruder verlegen.

»Na, hört mal«, spottete Krysia, »ihr seid doch keine Babys.«

Nein, Babys nicht, dachte ich. Nur dass wir Juden sind. Das weißt du nicht, Krysiu. Du weißt auch nicht, dass Niania nicht unsere richtige Mutter ist. Du weißt nicht, dass meine Schwester mein Bruder ist. Irgendwie gab mir die Tatsache, dass ich ein großes Geheimnis vor Krysia hatte, die sich für so schlau hielt und alles zu wissen glaubte, ein Gefühl von Stärke und Mut.

Niania hatte sich hingelegt. Wir hatten ihr vor einer Weile eins ihrer Kopfschmerzpulver gebracht. Wahrscheinlich war sie eingeschlafen. Sie würde uns nicht vermissen. Wir konnten uns für kurze Zeit wegschleichen. Ich war es leid, so zu tun, als sei ich normal. Und unsichtbar. Selbst bei Tage verbargen wir uns dauernd. »Wir gehen mit«, entschied ich.

Mein Bruder wirkte unentschlossen.

»Na komm.« Ich fasste ihn am Arm. »Krysia hat Recht.« Wir würden einmal mit dem Karussell fahren. Wir würden nicht lange wegbleiben. Wir würden zurück sein, ehe Niania aufwachte.

Ich erinnerte mich aus der Zeit vor dem Krieg an das alte Karussell im Park. Niania war manchmal mit mir dahin gegangen. Sie hatte mich auf eins der Pferde oder Schweine gehoben. Wenn ich rittlings auf einem dieser Karusselltiere saß, war ich so groß wie Niania. Ich legte die Arme um den Hals des Holztieres, Niania stand neben mir und hielt mich fest. Ich liebte den Luftzug und das Auf und Ab, den Geruch nach Farbe und Lack und Stadtstaub in meiner Nase.

Mein Bruder und ich gingen mit Krysia aus dem Klosterhof hinaus. Wir liefen allein die Straße entlang, die zum Fluss führte. Niemand achtete auf uns. Es war ein milder Frühlingsnachmittag. Ich war aufgeregt. Wir lebten schon seit mehreren Monaten im Kloster. Manchmal trafen wir uns für Minuten mit Mutter im Park oder in einer Nebenstraße. Niania achtete darauf, dass wir dabei immer weit genug vom Kloster weg waren. Wir wollten keinen Argwohn erregen wie damals auf dem Land. Abgesehen von ihren Kopfschmerzen war Niania jetzt weniger ärgerlich und unglücklich als früher. In der Klosterkapelle konnten wir jeden Tag die Messe hören. Oder wir konnten in die Marienkirche am großen Platz gehen.

An einer Kreuzung vor uns erblickte ich eine Gruppe von Kindern in Uniform mit zwei Begleiterinnen in entsprechender Uniform. Sie gingen in die gleiche Richtung wie wir. Sie marschierten im Gleichschritt. Sie trugen ordentlich um den Hals geknotet ein Tuch und auf dem Kopf ein keck schief sitzendes Käppi. Ich wollte Krysia nicht merken lassen, dass ich in der Nähe dieser Gruppe Angst bekam. Diese polnischen Kinder, die sich den Nazis angeschlossen hatten, durften die Schule besuchen. Sie stolzierten herum und hielten sich für etwas Besonderes, und manchmal griffen sie polnische Kinder an, die nicht zu den Nazis übergelaufen waren. Ich warf Krysia einen kurzen Blick zu, konnte aber nicht erkennen, wie sie auf die marschierende Truppe vor uns reagierte.

Bevor wir zum Karussell am Ufer unter den wuchtigen Wawelmauern gelangen konnten, mussten wir eine kleine Brücke überqueren. Seit mein Bruder und ich uns aus dem Ghetto geschlichen hatten, mochte ich nicht mehr über Brücken gehen. Auf jeden Fall wollte ich nicht zur gleichen Zeit auf der Brücke sein wie diese polnischen Kinder, die so taten, als seien sie Deutsche.

»Wartet.« Ich lief langsamer. »Haltet mal eben an.«

Krysia wurde sofort ungeduldig.

»Ich muss meine Schnürsenkel richtig binden«, murmelte ich.

Wir hätten nicht mitgehen dürfen, dachte ich. Wir waren nur ein paar Schritte aus der Sicherheit des Klosters heraus und schon waren wir in Gefahr. Ich war diejenige, die beschlossen hatte, Krysias Herausforderung anzunehmen. Es war dumm von mir gewesen. Ich hatte schon immer ein bisschen Angst vor Krysia gehabt. Nicht, weil sie meinen Bruder und mich für Babys halten könnte. Sondern weil sie Polin war, ein arisches Mädchen. Wenn sie ahnte, wer wir wirklich waren, konnte sie uns ebenso wie jeder andere denunzieren. Ich bückte mich und fummelte an meinen Schuhbändern herum. Als ich meinte, die Gruppe uniformierter polnischer Kinder sei nun weit genug fort, richtete ich mich auf. Ich warf meinem Bruder einen schnellen Blick zu. Er hatte verstanden. »In Ordnung«, sagte ich bissig zu Krysia. »Gehen wir weiter.«

Bis wir zu der Brücke kamen, war die bedrohliche Gruppe uns weit voraus. Als wir die ersten Musikfetzen von dem Karussell hörten, waren sie schon in weiter Ferne. Dann konnte ich sie nicht mehr sehen. Ich wusste nicht, wohin sie marschiert waren. Sie waren nicht an der Uferpromenade, wo sich das Karussell befand.

Es gab noch weitere Belustigungen. Vier Akrobaten waren da. Sie stiegen abwechselnd einer auf die Schultern des anderen und sprangen mit einem Salto von oben herunter. Einmal brach der Untermann zusammen. Die anderen stürzten ab. Sie mussten sich wehgetan haben, taten aber so, als sei nichts geschehen. Alle vier standen lächelnd auf. Einer von ihnen ging mit einem Hut in der Hand herum. Manche Leute warfen eine Münze hinein; sie brummten dabei ein bisschen. Wir hatten kein Geld, das wir ihm hätten geben können. So gut waren sie auch nicht gewesen.

Einmal vor dem Krieg war meine Tante mit mir in den Zirkus gegangen, die Tante, die dann mit Großmutter und Großvater zusammen deportiert worden war. Es gab Elefanten und Pferde dort. Ich mochte den Geruch der Tiere nicht. Aber ich mochte das kurze blaugoldene Kleid der Dame, die furchtlos oben auf einem Pferd stehend um die Manege ritt. Und dann war da ein Mann gewesen, der eine Menge Bälle so schnell in die Luft warf, dass man sie nicht zählen konnte. Er ließ nicht einen einzigen fallen. Es machte mir Spaß, am Ende der Vorstellung zu klatschen. Zu Hause versuchte ich, auf Applaus hoffend, auf dem Sattel meines Schaukelpferds zu stehen. Ich fiel herunter und schlug mir den Ellenbogen auf und holte mir eine Beule auf der Nase. Ich tat so, als hätte ich mir nicht wehgetan. Niania war trotzdem böse geworden.

Wir kamen jetzt an einem alten Mann vorbei, der Puffbohnen verkaufte. Er rollte Stücke von braunem Papier zu spitzen Tüten zusammen und schaufelte die Bohnen mit der Hand aus einem Topf hinein. Er hielt die Tüten einladend zwischen den Fingern. Mein Bruder und ich liebten Puffbohnen. Wir schämten uns, weil wir kein Geld hatten, und gingen mit gesenktem Kopf vorbei.

Das Karussell lief. Wir sahen zu. Es drehte sich schneller und schneller, bis die Formen und Farben sich mischten und verschwammen. Dann entfalteten sie sich wieder zu einzelnen Pferden und Schwänen, als die Drehbewegung sich verlangsamte und das Karussell hielt. Wir sahen, dass nur wenige Menschen mitgefahren waren. Jetzt rief der Karussellmann: »Fünfzig *groszy* seine Fahrt!« Eine Frau mit zwei Kindern bezahlte und alle drei stiegen auf. Die Kinder kletterten nacheinander auf verschiedene Tiere, bis sie sich endlich für das richtige entschieden hatten. Der Karussellmann wartete eine Weile, bevor er das Karussell wieder in Gang setzte. Als die Fahrt zu Ende war, stieg niemand mehr ein. Der Besitzer ließ das Karussell leer laufen.

Die Drehorgelmusik klang so festlich. Die Pferde posierten höchst anmutig in der geschnitzten Erstarrung des Sprungs mit den Vorderbeinen in der Luft. Hübsche Bänke, mit Rosen und Blättern in wunderschön strahlenden Farben bemalt, warteten auf Reisende, die sich nicht rittlings auf ein Pferd setzen wollten. Ich schaute zum oberen Baldachin mit den flatternden roten und weißen Bändern hinauf.

»Es fährt niemand mit«, flüsterte mein Bruder Krysia zu. »Wir bleiben einfach eine Weile stehen. Dann lässt er uns vielleicht umsonst mitfahren.« Krysia zuckte die Achseln und ging weg.

Hinter dem sich drehenden Karussell ragte der Wawel auf. Ich wandte mich um und blickte auf mein Krakau. In der weichen Luft sah die Stadt im rosagoldenen Licht des Spätnachmittags wie ein wunderschönes Gemälde aus. Ich konnte den Turm am Stadtplatz erkennen und etwas weiter den Glockenturm der Marienkirche. Die Brücke, über die wir gekommen waren, konnte ich von da, wo wir standen, nicht sehen. Auch die Hitlerjugend-Kinder entdeckte ich nicht. Sie mussten in die entgegengesetzte Richtung in das Wäldchen marschiert sein. Ich fragte mich, ob Niania schlief.

Bitte, liebe Maria und lieber Jesus, bringt den Mann dazu, dass er uns einmal auf seinem Karussell mitfahren lässt! Ich empfand Schuldgefühle, weil ich um etwas so Dummes betete, aber ich betete trotzdem, in der Hoffnung, dass unser kleiner Ausflug nicht vergebens sein möchte. Dass der Mann in seinem schmuddeligen Hemd, der Lederjacke und den gefährlich aussehenden Stiefeln, der das Karussell mit Musik, aber ohne Fahrgäste laufen ließ, uns endlich einmal hinaufklettern und mitfahren ließe. Aber er wiederholte nur: »Fünfzig Groschen eine Fahrt!« Jedes Mal, wenn er das sagte, löste sich mein Gebet in eine flirrende Luftspiegelung auf. Ich kam mir vor, als stünde ich an einer Haltestelle und wartete auf einen Zug, der nie für uns halten würde.

»Sollen wir nicht einfach gehen?«, flüsterte mein Bruder. Dann sahen wir Krysia. Sie rannte und rannte. Sie rannte wie wild in entgegengesetzter Richtung immer um das Karussell herum, als wollte sie schneller sein.

Plötzlich erschien aus dem Nichts, aus dem Wald, der uniformierte Trupp wieder. Die bedrohliche Bande, der ich auszuweichen versucht hatte, als ich so tat, als müsste ich mir die Schuhe neu binden, wimmelte kreischend um uns herum und sprang auf das Karussell. Der Mann lächelte – und niemand sprach von Bezahlung. Mein Bruder und ich duckten uns und zogen uns in den Schatten zurück.

Die Fahrt ging zu Ende. Die Drehorgelmusik wurde leiser. Die Kinder sprangen herunter, stellten sich wieder in zwei ordentlichen

Reihen auf und marschierten hinter ihren Begleiterinnen davon. Krysia hatte ich aus den Augen verloren.

Dann hörte ich es. Ich hörte grässliches Keuchen. Ein rasselndes, halb ersticktes Husten. Mein Bruder und ich fanden Krysia zusammengekrümmt auf einer Bank. Sie hustete und hustete und rang nach Atem und spie dunkelrote Flüssigkeit aus. Wir wussten nicht, was wir tun sollten.

»Du hättest nicht so viel herumrennen sollen«, sagte ich verzweifelt. »Du hättest nicht so schnell rennen dürfen.« Ich hörte mich an wie Niania. Ich wollte das nicht. Wollte mich nicht wie eine Mutter anhören. Es war schon schlimm genug für Krysia. Sie mochte nicht, dass jemand sie so sah. Und ich mochte nicht mit ihr gesehen werden. Diese Husterei würde bestimmt Aufmerksamkeit auf uns lenken. Mein Bruder und ich setzten uns rechts und links von unserer Freundin auf die Bank. Das böse rasselnde Husten klang, als ob Krysias Lungen aus ihrem Körper zu fliegen versuchten. Das Keuchen hörte nicht auf. Als es endlich nachließ, dachte ich, ihre Lungen müssten in Fetzen sein wie zerrissenes Seidenpapier.

Es wurde ziemlich dunkel. Es waren kaum noch Leute da. Schon seit einiger Zeit hatte niemand mehr auf das Karussell steigen wollen. Dann sah ich den Besitzer auf uns zukommen. Ich war sicher, dass er uns verjagen wollte. Oder uns anzeigen. »Na gut, ihr drei Knirpse«, sagte der Karussellmann, »steigt ein.« Er startete die Musik.

Einen winzigen Augenblick zögerte ich. Ich glaubte dem Mann nicht. Ich traute ihm nicht. Wir hatten so lange auf eine Gelegenheit zum Mitfahren gewartet. Dann sprang ich auf eins der Pferde. Mein Bruder kletterte schnell auf das Pferd gleich daneben. Wir saßen rittlings und warteten, dass die Zauberreise begänne. Vor uns sahen wir Krysia, die sich auf einen Sitz fallen ließ. Er glich einer Kutsche, die von Schwänen gezogen wurde. Aber es war nur eine

Bank. Nichts, das sich auf- und abbewegte. Krysias Husten hatte sie zu sehr erschöpft. Es war leichter, sich einfach hinzusetzen. Einfach zu sitzen. Morgen würde sie uns etwas erzählen. Krysia war jetzt diejenige, die anders war. Isoliert.

Hinter dem Wawel stieg der Mond auf. Das Karussell beschleunigte. Es ging rund und rund und rund, der Wind blies, zerrte an meinen Haaren, die Bewegung tanzte in meinen Atem, in meine Magengrube. Es war eine kurze Fahrt. Schon begann das Karussell langsam zu werden, immer langsamer. Es hielt an.

Der Karussellbesitzer lächelte nicht, als wir von unseren Pferden sprangen und Krysia aus ihrer Schwanenkutsche aufstand. Mein Bruder und ich knicksten und dankten dem unangenehmen Mann für die Fahrt. Krysia sagte nichts. Sie ging einfach still fort.

Wir bemühten uns, ihr nicht lästig zu fallen, und blieben auf dem Weg zurück zum Kloster immer ein paar Schritte hinter ihr. Sie war böse auf uns, weil wir sie bei einem Anfall erlebt hatten. Sie schämte sich, krank zu sein. Ich hoffte, sie würde nicht wieder anfangen zu husten, bevor wir zurück waren. Als wir über die Brücke gingen, war es dunkel.

Im Klosterhof rannte Niania weinend auf uns zu. Sie schrie: »Wo seid ihr gewesen?« In Krysias Anwesenheit schlug sie mich kräftig aufs Hinterteil. Dann schlug sie meinen Bruder.

»Dass ihr mir nie wieder so einfach verschwindet! Seid ihr nicht gescheit? Wisst ihr nicht, wie gefährlich das für euch ist?« Sie fuchtelte mit den Händen in Richtung Tor. »Wie oft habe ich euch gesagt, dass ihr nicht ohne mich hinauslaufen sollt?«

Rundherum lehnten sich die Leute aus den Fenstern. Ein paar von den Nonnen kamen aus der Kapelle gerannt, wo sie dem Vespergottesdienst beigewohnt hatten. Niania hörte auf zu schreien. Wahrscheinlich wurde ihr klar, dass es gefährlich war, uns öffentlich derart fertig zu machen, gefährlicher als die Tatsache, dass wir ein paar Stunden lang ihren wachsamen Blicken entzogen gewesen waren. Um Krysia hatte sich Niania nicht gekümmert. Die war ins Haus gegangen.

Als wir in den Raum kamen, in dem wir alle schliefen, saß Krysias Mutter auf dem Bett in ihrer Ecke und nähte. Sie lächelte und murmelte etwas. Ich glaube, sie wusste gar nicht, dass ihre Tochter fort gewesen war. Krysia lag auf ihrem Bett. Sie hustete nicht. Sie sagte nichts. Sie zog sich die Decke über. Wir hörten den ganzen Abend nichts mehr von ihr.

Am Morgen hockten mein Bruder und ich auf unserem Bett und warteten, dass unsere Freundin aufstand. Ihre Mutter saß neben ihr und suchte etwas in ihrem Lederköfferchen. Die Schwestern kamen mit einem Arzt. Sie neigten den Kopf und beteten. Ich wusste, dass Tuberkulose eine Lungenkrankheit war. Dass diese Krankheit einen am Atmen hinderte. Die alte Schwester Ignacja war da. »Kommt.« Sie winkte Niania und meinem Bruder und mir, näher zu kommen und mit ihnen zu beten.

Krysias Augen waren geöffnet, aber ich wusste, dass sie nichts wahrnahm. Sie lag den ganzen Nachmittag da. Ganz ruhig. Ganz still. Warum hörte man nichts von ihr? Sie war doch sonst nicht auf den Mund gefallen. Warum lag sie da und sagte nichts Schlaues zu irgendjemandem?

Ihre Mutter weinte nicht, als sie merkte, dass Krysia tot war. Sie war verwirrt. »Aber ihre Wangen sahen so gesund aus«, wiederholte sie immer wieder. »So rosig.«

Die Nonnen kamen und schlossen Krysia die Augen. Sie beteten still. Den ganzen Tag und die Nacht lag Krysias Leiche auf dem Bett mir gegenüber auf der anderen Seite des Gangs. Die ganze Nacht zeigte ihre Nase zur Decke. Um uns herum war Krieg. Überall wurden Menschen bedroht, verladen, deportiert, getötet. Überall. Aber ich hatte noch nie eine Nacht im selben Raum mit einem toten Menschen verbracht. Krysia war doch ein Quälgeist. Vielleicht tat sie jetzt nur so. Ich hoffte weiter, dass sie am Morgen aufwachen würde.

In der Kapelle wurde eine Totenmesse für Krysia abgehalten. Sie lag in einem kleinen weißen Sarg, den die Nonnen besorgt hatten. Sie hatte ein weißes Kleid an. »Das ist von ihrer Erstkommunion.« Die Mutter lächelte. »Ist sie nicht hübsch?« Krysias Wangen waren so weiß wie ihr Kleid. Um ihre gefalteten Hände war ein Rosenkranz mit perlmuttartigen Perlen gelegt, genau so einer, wie Niania ihn mir geschenkt hatte.

Krysias Mutter blieb weiter unter dem Dach des Klosters. »Es ist wegen der Schlange«, sagte sie immer. »Die Schlange ist gekommen. Alles ist schmutzig wegen der Schlange.« Sie wusch weiterhin ihre Spitzenbluse. Jeden Abend, wenn die Lichter ausgingen, hörte ich das Geräusch des Ausdrückens und des tropfenden Wassers. Am Morgen sprach sie wieder von der Schlange und besserte ihre Bluse aus.

12. Kapitel

Wir knieten zusammen mit den Nonnen in der kleinen Kapelle, in der vor einigen Monaten Krysias Leiche aufgebahrt gestanden hatte. Über dem Chorgesang unserer vereinten Stimmen hörten wir *»Alles raus!«* auf Deutsch und dann schwere Schritte, die die Stufen herauftrampelten. *»Die Juden! Wo sind die Juden?«* Mit den Gewehren im Anschlag brachen die Nazis in die Kapelle ein. *»Los! Alles raus. Schnell!«*

Die Messe war kurz vor der Kommunion unterbrochen worden. Die Soldaten kamen direkt auf meinen Bruder und mich und Niania zu, die Gewehre auf uns gerichtet. *»Raus! Raus!«* Jetzt waren sie hinter uns. Ich fühlte einen Gewehrkolben in den Rippen. Die Treppe zur Kapelle war nicht steil. Es waren nur ein paar Stufen. Trotzdem stolperte ich und wäre fast gefallen. Mein Bruder war direkt hinter mir. Und Niania schrie: *»Nie, nie, nein! Moje dzieci! Sie sind ... moje dzieci!«* (Nein, nein, nein! Es sind meine Kinder!) Sie warf die paar deutschen Wörter, die sie kannte, mit polnischen durcheinander.

Die Nazis beachteten Niania nicht und brüllten die Nonnen an. *»Hierher! Alle Juden hierher!«*

Sie forderten die Auslieferung aller Juden! Die Nonnen protestierten, aber sie wurden beiseite geschoben. Innerhalb von Sekunden waren alle Juden herausgefischt. Jetzt hatten sie uns schließlich doch erwischt. Es war der erste Weihnachtsfeiertag.

Sie stellten uns mit dem Gesicht zur Mauer auf. Ich sah auf die dunkelroten Ziegelsteine vor mir und wartete auf die Schüsse. Als das Gebrüll weiterging und die Schüsse ausblieben, bemerkte ich, dass mein Atem in weißen Wölkchen in der Luft hing. Ich zitterte. Mantel, Mütze und Schal waren in der Kapelle geblieben. Das war also das Ende. Ich fürchtete mich nicht. Ich fror! Ich hatte keine Angst. Nicht solche Angst wie die, die ich an dem Tag empfunden hatte, als wir im Ghetto unter dem Dach versteckt gewesen waren. Niania war ja da. Im Kloster, unter den frommen Schwestern, mochten die Nazis brüllen – die Heilige Mutter Gottes würde uns beschützen.

Außer Niania waren alle, die nicht jüdisch waren, in der Kapelle geblieben. Niania schluchzte und bettelte die Deutschen auf Polnisch an. Beteuerte, dass wir ihre Töchter seien. Einer der Nazis begann zu lachen. Er schob meinen Bruder in eine Ecke. Er ließ ihn den Rock heben und seine Unterhosen herunterziehen. Für einen Augenblick wurde der beschnittene kleine Penis meines Bruders sichtbar. *»Und du, bist du auch ein Knabe?«* Der Nazi machte mir ein Zeichen, ich sollte meine Unterhosen auch herunterziehen. Mit zitternden Fingern und entsetzt wollte ich schon gehorchen und griff unter meinen Rock. Dann änderte der Nazi seine Absicht, schob mich fort und ließ mich in Ruhe.

Ich hatte gar nicht gewusst, dass noch mehr Juden im Kloster Schutz gefunden hatten. Da war ein junger Mann. Dann eine sehr blasse, dünne junge Frau, die ich noch nie bemerkt hatte. Eine Frau, die hinkte. Die hatte ich um Suppe anstehen sehen, mit Suppenschale und Stock. Eine Frau mit einem jugendlichen Sohn. Die waren mir aufgefallen. Sie waren beide blond. Ich hätte sie nie für Juden gehalten. Die Nonnen hatten uns in aller Offenheit versteckt. Wir hatten uns alle still in das geschützte Leben des Benediktinerklosters eingefügt. Mir fuhr durch den Kopf – denn ich hatte Zeit nachzudenken –, dass ich keinen von diesen Menschen je beim Gottesdienst gesehen hatte. Sie waren Juden. Und ich war nun auch zur Jüdin geworden. Wir *verfluchten Juden* waren jetzt alle entdeckt. Wir gehörten den Nazis.

Die Nazis schoben meinen Bruder und mich mit dem Rest ihres Fangs auf einen mit einer Plane bespannten Lastwagen zu, der vor dem Eingang zum Hof des Klosters stand. Die Ladefläche war sehr hoch. Es war nicht leicht hinaufzuklettern. Ich stützte mich auf, schob mich nach oben, hob erst ein Bein, dann das andere. Ich war oben. Meine frierenden, bibbernden Gliedmaßen kribbelten vor Anstrengung. Einen Augenblick durchfuhr mich eine Art verrückter Befriedigung. Ich beobachtete meinen Bruder, wie er sich abmühte. Ich wollte ihm nicht helfen. Die Nazis sollten denken, dass wir stark und tüchtig wären. Es waren schon mehr Menschen auf dem Lastwagen. Männer und Frauen. Sie mussten woanders abgeholt worden sein. Zitternd und stumm starrten sie mit leeren Blicken auf die neu Hinzugekommenen.

Dann sahen wir Niania mit unseren Mänteln und Mützen und Schals auf den Lastwagen zurennen. Ich bekam Angst, dass die Nazis sie erschießen würden. Aber sie erlaubten ihr, uns unsere Sachen auf den Laster zu werfen. Immer noch bettelnd und weinend wurde sie mit dem Kolben eines Gewehrs weggeschoben. Gleich hinter Niania erblickte ich jetzt Krysias Mutter. Sie trug ihre Spitzenbluse ohne Mantel darüber. Sie lächelte und winkte mit einem Taschentuch.

Wie einen Vorhang zogen jetzt die Nazis die rückwärtige Plane herunter. Der Motor wurde angelassen. Der Lastwagen rollte an. Ich hatte keine Ahnung, wohin sie uns bringen würden. Warum hatten sie uns nicht erschossen? Vielleicht brauchten sie uns zu irgendetwas. Neben dem Brummen des Motors und dem Geräusch des Kopfsteinpflasters unter den Reifen hörte ich eine Frauenstimme ständig auf Deutsch wiederholen: *»Ich kann arbeiten. Ich kann arbeiten.«*

Bei unseren Spaziergängen mit Niania waren wir oft an diesem Gebäude mit den ordentlich ausgerichteten langen Reihen von quadratischen Fenstern vorbeigekommen. Mit seinem merkwürdig klingenden Namen war es so sehr Teil unserer Stadt wie das Sukiennice, die alten Tuchhallen, und die große Marienkirche am Marktplatz. Und der Volkspark, in den Niania mit mir gegangen war, als ich noch ganz klein war. Wo ich mit Krümeln von altem Brot, das Niania in einer Papiertüte mitgebracht hatte, die Vögel fütterte. Wo ich die kleinen Blümchen gepflückt hatte, die dicht am Boden im Rasen wuchsen. Im Gegensatz zu den freundlichen, offenen Teilen der Stadt erhob sich hier dieser ominös massige Bau eckig und kompakt und schien voller gefährlicher Geheimnisse.

»Sehr böse Menschen ... Menschen, die schlimme Dinge getan haben, werden hier eingesperrt«, hatte Niania uns erzählt. »Im Montelupi werden schreckliche Sünder festgehalten.«

Gerade die Fremdartigkeit des Namens *Montelupi* hatte den Abstand zwischen unserem Leben und dem nicht vorstellbaren Leben der Leute betont, die irgendwo hinter diesen blind auf die Welt draußen starrenden Fenstern versteckt waren. Vielleicht fürchtete Niania den Fluch eines unsichtbaren bösen Blicks, wenn sie sich bekreuzigte und mit uns vorbeieilte.

Ich erinnerte mich an eine Geschichte aus der Zeit des Kriegsanfangs. Niania und alle Erwachsenen hatten davon gesprochen. In einem Dorf in den Bergen war ein Postbote ermordet worden. Der Räuber war mit einer ganzen Posttasche voller Geld entkommen. Die Polizei suchte den Mann überall. Dann entdeckte ihn eine junge Frau zufällig, als er sich in einer Scheune auf dem Bauernhof ihres Vaters versteckte. Sie hatte sein Bild in der Zeitung gesehen und ihn erkannt. Sie versuchte wegzulaufen, aber der Mörder verfolgte sie über die Wiesen. Ihr Vater fand ihre zerfetzte, blutige Leiche neben einem Heuhaufen.

Davon hatte ich damals geträumt. Ich lag im Bett, als der Mörder unser Haus betrat. Er sah mich an und setzte eine schwere Ledertasche voller Geld auf den Boden. Niania kam herein. In der einen Hand hielt sie die kleine Bratpfanne, in der sie immer ihren Schinken briet. Die andere hatte sie zum Himmel erhoben, wie ich es auf Bildern von Heiligen in Kirchen gesehen hatte, mit der Handfläche nach vorn, und ihr Zeigefinger wies auf das Bild des Engels über meinem Bett. Ich war aufgewacht. Kurz nach meinem Traum war der Mörder gefasst und ins Montelupi gesteckt worden.

An diesem schrecklichen Ort lieferte der Lastwagen mit der Plane seinen Fang an jenem Weihnachtstag ab. Befehle wurden uns entgegengeschleudert. Wir sollten absteigen. Türangeln kreischten. *»Juden«*, erklärte einer der Nazis den zwei Wachtposten. Wir hatten niemanden ermordet. Wir waren hier, weil wir Juden waren. Schwere Eisentüren öffneten sich weit, um uns einzulassen.

Ich war durchgefroren und steif, trotzdem fiel mir das Hinabspringen vom Lastwagen leichter als zuvor das Aufsteigen. Mein Bruder sprang gleich nach mir. Hinter mir hörte ich jemanden der hinkenden Frau mit dem Stock herunterhelfen. Ich hoffte, sie würde ihren Kehrreim *»Ich kann arbeiten«* mal unterbrechen und den Mund halten. Was, wenn ihre beharrlich wiederholte Beteuerung die Nazis ärgerte? Vielleicht würden sie ihren Ärger an uns allen auslassen. Ich versuchte niemanden anzusehen. Nicht die anderen Juden aus dem Transport. Nicht die Nazis. Als ob ich, wenn ich den Blick abwandte, unsichtbar würde.

Wir wurden durch das Tor in einen Gang gedrängt. Dort war es wärmer als auf dem Lastwagen. Wärmer als draußen. Wir waren sehr still. Alle Juden waren ganz still. Selbst die Frau mit dem Stock sagte nichts. Sie humpelte dahin und hielt mit uns anderen Schritt. Ich hoffte, dass das Tock-tock ihres Stocks jede Aufmerksamkeit von meinem Bruder und mir ablenkte. Ich wäre gern geschrumpft, verschwunden. Zusammengefaltet zu etwas Kleinem, Unsichtbarem ohne wahrnehmbaren Geruch. Ohne Atem. Ohne Fleisch. Ohne Geräusch. Ich hörte das Kreischen der Türangeln. Das Tor zum Montelupi-Gefängnis schloss sich hinter uns.

Die Nazis übergaben uns an zwei polnische Gefängniswärter. Wir gingen einen langen, düsteren Gang entlang, voll schwarzer und schmieriger Flecke, der nach Desinfektionsmitteln und Urin stank. Hinter den verriegelten Türen auf beiden Seiten des Gangs hörte ich Geräuschfetzen, als wir vorbeischoben. Murmelnde Stimmen. Das Schlurfen eingeschränkter Schritte. Ein Pochen.

Die Nazis mit den Gewehren waren irgendwo am Eingang zurückgeblieben. Ich hatte noch immer keine Angst, nein. Nein, ich hatte keine Angst. Ich schämte mich, schämte mich, weil wir erwischt worden waren. Schämte mich, weil ein Nazi mich aufgefordert hatte, meine Unterhosen herunterzuziehen.

Und ich glaubte noch nicht, dass all dies wirklich geschah. Während der ganzen Fahrt hatte ich die Hoffnung gehegt, dass Niania dem Lastwagen gefolgt sei. Sie konnte jeden Moment von irgendwoher auftauchen. Wir mussten nur um eine Ecke gehen und der dumpfig riechende Gang des Montelupi würde verschwinden. Niania würde auf uns zukommen, mit Blumen in den Händen. Wir würden uns in einer christlichen Prozession unter Kerzen und Weihrauch wieder finden. Dort, am Ende des Korridors, würde am Altar die Heilige Jungfrau in ihrem blauen Gewand, die Füße auf den Erdball gesetzt, auf uns herablächeln. Die Nazis würden ihren

Fehler bedauern. »Oh, ja, tut uns Leid!« Und sie würden eine Verbeugung vor Niania machen. »Sie können Ihre Töchter mit heimnehmen.«

»Halt«, sagte einer der Bewacher. Er steckte einen Schlüssel ins Schloss der nächsten Zellentür. Der andere schloss die Tür zur Zelle neben uns auf. Beide Türen öffneten sich. »Da rein«, sagte der Bewacher. Mein Bruder und ich gingen als Erste. Hinter uns traten still zwei Männer und die Frau mit dem Stock ein. Wir hörten die Tür hinter uns hallend zufallen. Peng. Dann ein weiteres Peng nahebei. Der Transport von Juden aus dem Benediktinerkloster und anderen Verstecken war aufgeteilt und in zwei Zellen des Montelupi-Gefängnisses eingesperrt.

Durch das kleine, hoch angebrachte Fenster mit einem Gitter aus dicken Eisenstangen konnte ich graue Vierecke des Himmels sehen. Zwei weitere Menschen hockten in einer Ecke der Zelle. Die neu Angekommenen standen unsicher in der Mitte.

»Wie lange hält man Sie schon hier fest?«, fragte die Frau mit dem Stock. Als ob sie sich erkundigte, wann der nächste Zug käme. »Ich werde sie davon überzeugen, dass ich arbeiten kann.« Sie war eine sehr hässliche Frau. Sie trug eine Brille und hatte eine große Nase. Trotzdem erinnerte sie mich in diesem Moment an Krysias schöne, wahnsinnige Mutter, die immer wiederholte: »Es ist die Schlange. Alles wegen der Schlange.«

»Drei Wochen«, murmelte ein Mann, der auf einem Hocker in der Ecke saß. »Am Neujahrstag wird man uns freilassen.« Er klang nicht verrückt. War es womöglich so, dass die Nazis uns nur eine kurze Zeit festzuhalten gedachten, weil es das war, was von ihnen erwartet wurde? Dass sie uns dann gehen ließen? Vielleicht schickten sie gerade nach Niania, um mit ihr auszumachen, wann sie uns abholen sollte.

Es gab noch zwei Hocker in der Zelle. Die Frau mit dem Stock setzte sich auf den einen. Ihr Bein war steif nach vorn gestreckt. Draußen näherten sich Schritte. Schlüssel klirrten. Einer wurde ins Schloss gesteckt und umgedreht. Von dem Augenblick an glaubte ich jedes Mal, wenn ich den Schlüssel im Schloss hörte, dass jetzt jemand käme, um uns zu sagen, dass wir gehen könnten. Die Tür würde sich öffnen. Und wir würden den Gang entlanglaufen. Und durch das Tor hinaus auf die Straße. Und zu Niania.

Die Tür der Zelle öffnete sich. Ein großer Mann in einer unvollständigen Naziuniform trat herein. Er war blond und barhäuptig und sah sehr gut aus. Er trug keine Jacke. Seine Stiefel waren blank geputzt. Wir waren erst ein paar Minuten in der Zelle gewesen. Ich hatte den Eimer mit dem Holzbrett darüber in der Ecke noch nicht bemerkt. Wieso war mir der säuerliche, beißende Geruch nicht aufgefallen? Da hinein machten die Gefangenen. Der Soldat nahm den vollen Eimer auf und setzte einen leeren ab. Niemand sagte etwas. Er hatte kein Gewehr. Er hatte nur einen leeren Eimer. Einen gewöhnlichen Eimer. Von der Art, in die man den Putzlumpen taucht, wenn man den Boden aufwischt. Oder wie man ihn beim Melken einer Kuh verwendet. Der Gedanke an Milch erinnerte mich daran, dass wir nichts gegessen hatten.

Und dann drehte ich durch. Deshalb sind wir hier, dachte ich. Deshalb sind wir hier. Sie werden uns verhungern lassen. Ich umklammerte den Stiefel des Nazis. Ich kniete mich hin. *»Milch, bitte, bitte«*, flüsterte ich auf Deutsch. *»Und etwas Brot!«* Ich packte seine Hand und küsste sie.

Er war bestürzt. Ich sah auf in zornige blaue Augen. Der Mann sagte nichts. Ich wusste, dass er vorhatte, mich mit dem Fuß wegzustoßen. Dann schüttelte er mich einfach ab, als sei ich ein kläffender, aber nicht besonders gefährlicher Hund. Ich ließ seine Hand los. Er wandte sich um und ging hinaus und nahm den vollen, stinkenden Eimer mit. Ich konnte die Pistole im Halfter an seinem

Gürtel sehen. Die Zellentür fiel zu und der Schlüssel drehte sich in dem rostigen Schloss.

Mein Bruder und ich hockten uns in einem Winkel der jetzt überfüllten Zelle auf unsere Mäntel, die wir auf den Boden gelegt hatten. »Wir müssen Geduld haben«, flüsterte ich ihm zu. »Bis Niania kommt.« Dann muss ich eingeschlafen sein. Ich wachte auf, als ich wieder Schlüssel im Schloss hörte. Mein Bruder rieb sich die Augen. Mein erster Gedanke, noch im Halbschlaf, flog durch die Tür hinaus: Niania! Niania!

Wir rochen Essen. Die Tür öffnete sich. Ein Wärter rollte einen Kübel herein, der so groß war wie ein Pökelfass. Er gab uns Neuen je eine zerbeulte Schüssel oder einen Becher aus Blech. Er löffelte wässrige Kohlsuppe hinein. Aus einem über die Schulter gehängten Sack gab er jedem von uns ein kleines, hartes Stück Schwarzbrot. Dieser Wärter trug keine Uniform. Er war unrasiert. Er sah aus wie die Bauern auf dem Land, die zu fürchten wir uns angewöhnt hatten. Er war einfach ein Mann, der im Gefängnis arbeitete. Vielleicht war er selbst ein Gefangener.

»Wann lassen sie uns wieder gehen?«, fragte die Frau mit dem Stock auf Deutsch. Der Wärter verstand sie nicht. Sie wiederholte ihre Frage auf Polnisch. Die anderen stellten nun auch geflüsterte Fragen.

Der Mann zuckte die Achseln. *»Ja nie wiem nic.«* (Ich weiß nichts.) Er schob das Suppenfass auf seinem klappernden Rädergestell herum und wandte den Gefangenen den Rücken zu. Wieder hörten wir das Kreischen der Türangeln. Das schwere Schließen der Zellentür. Das Drehen des Schlüssels.

Ich schaute meinen Bruder an. Ich sah, es war ihm egal, wie die Suppe schmeckte. Er hatte Hunger. Ich hatte Hunger. Wir machten uns an die wässrige Brühe. Löffel hatten wir nicht. Wir schlürften die Suppe und kauten dankbar das trockene, alte Brot.

Ich dachte traurig an die Weihnachtsfeier, um die man uns gebracht hatte. Im Kloster waren seit Wochen Vorbereitungen für den Festgottesdienst getroffen worden. Vor der Razzia hatten wir die Weihnachtslieder noch einmal geübt. Die Nonnen hatten unseren Gesang gemocht. Würden sie unsere Stimmen vermissen? Wie viele Tage noch bis Neujahr? Ich lauschte auf Geräusche von außerhalb der Zelle. Bestimmt würde sich gleich etwas tun.

Ja, die Zellentür öffnete sich, aber nur, wenn wir riechen konnten, dass sich Kohl näherte. Selbst auf diese Augenblicke freuten wir uns. Es kam immer derselbe polnische Wärter. Manchmal kam er mit einem Eimer Wasser und wir wuschen uns Hände und Gesicht. Einmal am Tag erschien ein anderer Wärter und holte den Latrineneimer ab. Ich hatte mich daran gewöhnt, ihn in Anwesenheit der anderen in der Zelle zu benutzen. An den Gestank konnte ich mich nicht gewöhnen. Ich schmeckte ihn auf der Zunge. Ich fühlte ihn auf der Haut. Den Naziwärter, dessen Hand ich geküsst hatte, sah ich nie wieder.

Mein Bruder und ich sprachen nicht viel. Wir versuchten die Sachen, die wir trugen, umzuschichten. Wir zogen das Kleidungsstück, das wir auf der Haut gehabt hatten, aus und prüften sorgfältig die Säume, um die Läuse zu suchen, die sich darin versteckten. Unsere Finger waren im Untersuchen der genähten Falze und Falten sehr geschickt geworden. Wir knackten die Läuse eine nach der anderen zwischen Finger- und Daumennagel. Meine Kopfhaut hörte nicht auf zu jucken. Die Nazis hatten uns für immer mit Läusen versorgt.

Eines Spätnachmittags, nachdem das Suppenfass durch und der Latrineneimer abgeholt waren, hörten wir Schritte, die nicht wie die des polnischen Wärters mit dem Essenwagen klangen.

Der Schlüssel wurde gedreht. Zwei Nazis in Uniform. Gewehre

über die Schultern gehängt. *»Raus!«* Sie wiederholten ihren mechanischen Refrain: *»Raus. Schnell!«*

Wir warfen uns schnell die Mäntel über. Ich band mir die Schuhe zu und schaute nach unten, um zu sehen, ob die meines Bruders zugebunden waren. Als wir aus der Zelle auf den Gang hinaustraten, packte mich für den Bruchteil einer Sekunde freudige Erregung. Sie waren gekommen, um uns hinauszubringen. Gleich würden wir wieder auf einer Krakauer Straße sein. Niania würde warten.

Die Zellentür nebenan war auch geöffnet worden. Ich erkannte einige von den Leuten aus dem Transport vom Kloster her wieder. Das blasse, dünne Mädchen. Die Frau mit dem Sohn. Ein großes Bündel Lumpen neben einer Wand. Und dann sah ich plötzlich, dass es kein Bündel von Lumpen war. Es war ein Mensch. Eine große, formlose Frau. Ich hätte nicht sagen können, ob sie so dick war oder ob sie einfach so viele Schichten von Kleidung anhatte. Sie murmelte etwas und lächelte meinem Bruder und mir zu.

»Es ist Babcia«, flüsterte mein Bruder.

Was? Was redete er da? Wie? Die gelähmte alte Großmutter aus Łapanów? Die dumpfe Angst jenseits der Ängstlichkeit, die mich seit dem Morgen der Razzia gepackt hatte und in den Tagen in der Gefängniszelle nur eingelullt worden war, wirbelte in eine neue Richtung. Ich trat meinem Bruder gegen den Fuß und hoffte, dass er nicht aufschrie. Hoffte, dass die anderen nicht gehört hatten, was er gesagt hatte. Ich warf noch einen Blick auf die Frau, die da am Boden lag. Ich war gar nicht sicher, ob er nicht doch Recht hatte. »Sei nicht blöd«, flüsterte ich. »Und halt den Mund.« Es konnte nicht stimmen. Es durfte nicht stimmen. Diese Leute mussten doch vor langer Zeit schon deportiert worden sein. Sie waren weg. Sie waren tot. Sie waren liquidiert worden. Tot. Ich wollte nicht mit jüdischen Verwandten in Verbindung gebracht werden. Das würde nur alles schlimmer machen, wenn Niania uns holen käme.

Wir gingen denselben Gang hinunter zum Ausgang, auf dem wir – ich wusste nicht, vor wie vielen Tagen – hereingekommen waren. Die alte Frau wurde wie ein schwerer Sack an einem Arm von einem der Nazis den Gang entlanggeschleift. Sie gab keinen Laut von sich. Draußen auf der Straße warteten zwei weitere Nazis neben dem leeren Lastwagen mit der Plane auf uns.

Genau wie an dem Tag, an dem sie uns hergebracht hatten, mussten wir auf die Ladefläche klettern. Der Naziwärter, der die alte Frau über den Boden geschleift hatte, packte sie nun an beiden Armen. Die anderen Nazis fassten sie an den Beinen. Zusammen hievten sie sie auf die Ladefläche des Wagens. Dann sprangen sie selbst auf. Von dem einen Handgelenk der Frau hing ein langes Stück Verband herab, das sich gelöst hatte. Sie hob den Arm, zeigte ihn einem der Wärter. Wie eine gelernte Krankenschwester wickelte ihr der Deutsche das schmutzige Stück Stoff wieder um das Gelenk und steckte die Enden fest. Die Frau lächelte ihn an.

Wir waren nicht mehr hinter den verriegelten Türen des Montelupi-Gefängnisses. Nur die Räder und die klappernden Holzbretter des Lastwagens und eine von zwei Nazis bewachte Plane trennten uns vom Kopfsteinpflaster der Krakauer Straßen. Als der Laster losfuhr, wurden die Nazis genauso auf der Ladefläche durchgeschüttelt wie wir anderen. Wohin fuhren wir? Warum waren wir nicht schon erschossen worden? Oder gab es noch eine Chance, dass sie meinen Bruder und mich Niania zurückgeben würden?

Aus einer Ecke hörte ich wieder die Stimme der Frau mit dem Stock: *»Ich kann arbeiten.«*

13. Kapitel

Es war Abend, als wir durch ein Tor fuhren und die Wachtürme und den Stacheldraht erblickten. Ich wusste sofort, dass wir in einem Konzentrationslager angekommen waren. Auf dem von Baracken umgebenen rechteckigen Platz waren Gefangene angetreten. Es sah aus, als hätten sie Aufstellung genommen, um den neuen Transport zu begrüßen. Bei einem unserer Treffen hatte Mutter gesagt, das Krakauer Ghetto sei aufgelöst worden. Die paar Menschen, die noch übrig waren, seien ins Lager Płaszów gebracht worden. Jetzt glaubte ich Raisa und Tante Bella in einer Reihe mit anderen weiblichen Gefangenen stehen zu sehen. War es das also? Waren wir in Płaszów? Scheinwerfer blendeten mich, und das Gebrüll von Nazistimmen hallte zwischen den Baracken.

Wir standen da und warteten. Beherrscht und still. Unser Atem stieß Wolken in die eisige Luft. So lange Zeit waren mein Bruder und ich entkommen. Wir waren geflüchtet und hatten uns versteckt und so getan, als seien wir keine Juden. Niania hatte uns beschützt. Wie oft hatte ich während der Jahre der Flucht das schreckliche Wort *Konzentrationslager* gehört. Aber nie hatte ich ein Bild im Kopf entwickelt, wie ein Konzentrationslager aussehen mochte. Jetzt wusste ich nur, dass das, was wir am meisten gefürchtet hatten, schließlich geschehen war. Ich war zehn Jahre alt. Mein Bruder war acht. Wir waren Juden. Die Nazis hatten uns aufgespürt und schließlich doch gefasst.

Die Nazis schoben und stießen und organisierten. Ich verstand nicht immer, was sie riefen. Sie begannen uns zu sortieren. Ich hielt die Hand meines Bruders. Die zwei jüngeren Männer, die mit uns aus dem Kloster gekommen waren, wurden auf eine Seite gewiesen. Auch die blasse junge Frau aus dem Kloster. Die Frau mit dem Stock wurde herausgezogen. Dann wurde die Frau, die gar nicht gehen konnte, zu ihr hinübergeschleift und neben ihr am Boden abgelegt. Die zwei Männer aus unserer Zelle im Montelupi und der Junge aus dem Kloster wurden ebenfalls zu der Gruppe hinübergeschoben. Seine Mutter versuchte ihm zu folgen, aber die Wachen drängten sie zurück. Der Junge wehrte sich nicht.

Jetzt ließen die Wärter diese ganze Gruppe wieder in den Lastwagen klettern, der uns hergebracht hatte, und schleiften auch die alte Frau über den Schnee dorthin. »Sie bringen sie wahrscheinlich in eine andere Baracke weiter weg«, sagte die Mutter des Jungen. Zu sich selbst. Zu uns. Zur Luft. Vielleicht hatten sie uns zurückgelassen, weil sie so viele zusammenhatten, wie sie brauchten. Vielleicht würden sie uns hier warten lassen, bis Niania käme und uns holte. Der Lastwagen fuhr fort.

Ich weiß nicht, wie viel Zeit vergangen war, als wir die Schüsse hörten. Ich hatte kein Bild im Kopf von dem, was da weiter weg geschah, dort, von wo das Geräusch der Schüsse uns erreichte. Ich wusste nicht, was ich fühlen oder denken sollte. Und dann begann die Frau, der man den Sohn weggenommen hatte, zu schreien. Entsetzlich. Ihre Schreie zerschnitten die eiskalte Nacht, blieben in der Luft hängen, nutzlos, jenseits aller Hilfe. In der eisigen Stille muss das Atmen der Lagerinsassen, müssen die gefrorenen Atemwölkchen für einen Moment unterbrochen gewesen sein.

Die Mutter des Jungen warf sich auf meinen Bruder und zerrte ihn auf einen der Wächter zu. »Seht doch!«, heulte sie. »Seht ihn euch doch an! Er ist viel jünger! Warum habt ihr ihn nicht genommen?«

Sie erschreckte uns mehr, als es die Nazis getan hatten. Die Wachen zogen die Frau von meinem Bruder weg und schoben ihn wieder zu mir herüber. Er hatte keinen Laut von sich gegeben. Ich wagte seine Hand nicht wieder zu nehmen. Warum hatten sie uns dieser Frau vorgezogen? Vielleicht mochten sie uns doch? Vielleicht hatte Niania mit ihnen gesprochen. Vielleicht würden sie nach ihr schicken. Die Schreie der Frau, der man den Sohn weggenommen hatte, gingen weiter. Die Wachen zerrten sie fort. Wir hörten keine Schüsse mehr.

Wir wurden zu den Baracken geschickt. Ich sah Raisa auf mich zukommen. Und dann ging ich mit ihr und Tante Bella weg, fort von meinem Bruder. Ich hatte solche Angst, dass das Geschrei, der Angriff dieser Frau auf meinen Bruder, die Aufmerksamkeit auf ihn gelenkt hatte. Seit der Razzia am Weihnachtstag, als die Nazis verlangt hatten, dass wir die Unterhosen herunterzögen, hatte ich meinen Bruder wieder als Jungen angesehen. Aber im Montelupi waren wir zusammengeblieben. Jetzt wurden wir getrennt. Ich wurde von den Frauen mitgenommen. Ich warf einen schnellen Blick zurück. Eine Gruppe von Männern bewegte sich in die entgegengesetzte Richtung, entfernte sich von der Frauengruppe, in der ich war. Meine Tante und meine Cousine waren bei mir. Ich konnte meinen Bruder nicht mehr sehen.

Wir gingen in eine der Baracken. Als ich aus der eisigen Luft heraus war, weg von dem grellen Licht der Scheinwerfer, von dem Schieben und Schreien, weg von der Frau, die zu spät versucht hatte, meinen Bruder gegen ihren Sohn auszutauschen, weg von der Salve von Schüssen, versuchte ich zu sprechen. Wohin geht mein Bruder? Was werden sie mit meinem Bruder machen? Ich wollte fragen. Aber es kam kein Ton heraus. Meine Zunge steckte hinter den Zähnen fest. Ich konnte die Wörter nicht bilden, um Fragen zu stellen. Das war nicht die Kälte. Es war nicht die Angst. Ich konnte schlicht nicht sprechen. Irgendwo hinter meinen klappernden Zähnen war meine Zunge verklemmt, verklebt, nutzlos, ein toter Fisch.

Nicht weit von der Pritsche, die Raisa mit ihrer Mutter teilte, fand sie eine für mich, die leer war. Die Matratzen waren mit Stroh gefüllte Säcke. Sie waren besser als der nackte Fußboden im Gefängnis Montelupi. Auf der Pritsche über mir legten sich zwei Frauen bereits hin, die Füße der einen am Kopf der anderen.

»Leg dich da hin«, flüsterte Raisa und zeigte auf die untere Pritsche. Ich tat es. Es lag eine Decke da, die nach Karbol roch. Ich zog sie über mich und drückte mich an die Wand. Ich blieb allein auf der Pritsche. Rundherum hörte ich das Murmeln und Flüstern der Frauen, die sich zur Nacht zurechtlegten. Raisa verschwand.

Als sie wiederkam, drückte sie etwas in einem Netz an sich, wie es die Leute zum Einkaufen auf dem Markt benutzten. »Psst«, flüsterte sie. Aus einem Tuch in dem Netz wickelte sie ein halbes Schwarzbrot aus. Ich hatte vergessen, dass ich Hunger hatte.

Raisa riss ein Stück Brot ab und reichte es mir. Dann brachte sie eine Wärmflasche und einen Blechbecher zum Vorschein. Als sie die Flüssigkeit eingoss, konnte ich Tee riechen. Ein Wunder. Wie hatte sie all diese guten Sachen besorgen können? Ich vergaß die Angst. Ich vergaß Niania. »Was ist mit meinem Bruder?«, brach es aus mir endlich heraus. »Wo ist er?«

»Mach dir keine Sorgen«, flüsterte sie. »Er ist bei Onkel Samuel.«

Ich trank große Schlucke von der duftenden heißen Flüssigkeit. Ich kaute und schluckte Brot. Dann versank ich in Dunkelheit, in Schlaf, ins schwarze Nichts.

Aus der Finsternis kam der Angriff einer durchdringenden, aufdringlichen Sirene. Ich war nur eine Sekunde verwirrt, dann wusste ich wieder, dass ich in einem Konzentrationslager erwachte. Mein erster Gedanke war, dass ich auf die Latrine musste. Am Abend vorher hatte ich sie irgendwo rechts vom Eingang zur Baracke gerochen. Um mich herum stiegen die Frauen von ihren Pritschen. Brummelnd zupften sie sich die Sachen zurecht und schlurften auf den Ausgang zu. Ich hoffte, dass ich bald pinkeln gehen konnte.

»Wir müssen draußen antreten.« Raisa stand neben mir. »Wir werden jeden Morgen gezählt.«

Über den länglichen, graublauen Umrissen der Baracken verblasste neben den grellen elektrischen Lichtern eine schmale Mondsichel und ließ die Nacht hinter sich. Wo war mein Bruder?

Uns gegenüber traten die Männer an. Jetzt entdeckte ich Onkel Samuel. Mein Bruder stand direkt neben ihm. Er sah mich. Wir waren scheue Fremde, die durch eine tiefe Kluft aus Nazis mit Gewehren und Hunden getrennt waren. Sie stolzierten auf und ab zwischen den Reihen weiblicher und männlicher Gefangener. In der kalten Wintermorgenluft stieg der Atem in Wolken auf.

Ich richtete mich auf und nahm die Schultern zurück, um so groß und stark wie möglich zu wirken. Ich hoffte, dass mein Bruder daran dachte, das Gleiche zu tun. Vielleicht hatten sie uns am Abend zuvor nur geschont, weil sie glaubten, wir könnten für sie arbeiten? Was, wenn wir jetzt zu klein und schwach schienen? Im Morgenlicht war das vielleicht besser zu sehen. Nichts konnte Nazis davon abhalten zu schießen. Nicht auffallen! Nicht bemerkt werden!, betete ich.

Diese Frau. Die Mutter des Jungen. Wo war sie heute Morgen? Ich wagte mich nicht richtig umzuschauen. Vielleicht hatten sie ihr Geschrei satt gekriegt und sie auch erschossen. Solche Morgengedanken schwammen mir durch den Kopf. Und überschnitten sich immer wieder mit der Hoffnung, dass ich es halten könnte, dass ich mir nicht in die Hosen machen würde.

Ich bemerkte den Geruch von Essen in der Luft. Am Ende einer der Baracken entdeckte ich zwei große Fässer, aus denen Dampf aufstieg. Zwei Gefangene standen mit Kellen in der Hand dahinter. Aus irgendwelchen Taschen in den Kleidern holten die Leute jetzt Blechbecher und -schalen hervor. Ich hatte noch den Becher, den Raisa am Abend zuvor zurückgelassen hatte. Wir standen draußen. Aber der Geruch und die Blechgefäße waren genau wie im Gefängnis. Die Frauen um uns herum begannen sich anzustellen und bewegten sich auf das Essen zu. Meine Tante und meine Cousine blieben stehen. Ich schaute sie an und fragte mich, was ich tun sollte. Raisa sah zu ihrem Vater hinüber.

Dann geschah etwas. Raisa packte meinen Arm und zog mich mit sich und ihrer Mutter fort in die entgegengesetzte Richtung, weg von der Schlange, zu einem kleinen Gebäude in der Ecke des Hofes. Wir hasteten auf ein Häuschen zu, das am Ende jeder normalen Straße der Welt außerhalb des Lagers hätte stehen können. Niemand hielt uns an. Wir gingen durch die Tür in einen schmalen Flur. Wir stiegen eine kurze Treppe hinauf. Wir traten in ein richtiges Zimmer. Da war ein Fenster mit Fensterläden und an einer Wand eine hölzerne Anrichte. In einer Ecke stand ein Feldbett mit sauber gefalteten Decken.

»Musst du nicht mal?«, sagte Tante Bella zu mir. Sie zeigte auf eine Tür neben der Zimmertür. »Es ist dadrin.«

Ich hatte mich noch nicht nass gemacht. Mit der Erleichterung spürte ich eine Andeutung von Hoffnung. Seit wir zu Beginn des Krieges unsere Wohnung verlassen hatten, war ich nicht mehr auf einem richtigen Klo gewesen. Selbst im Kloster hatten wir das eine, das da war, nicht benutzt. Es waren einfach zu viele Menschen für eine einzige Toilette gewesen. Niania hatte einen Nachttopf für uns unter dem Bett gehabt. An einem Nachttopf war nichts Ekliges oder Peinliches. Wir hatten vor dem Krieg zu Hause in unserem Schlafzimmer auch einen benutzt.

Ich saß auf der sauberen Brille und verlängerte den Genuss. Dann zog ich mit der Kette ab. Ich lauschte auf das Geräusch des einströmenden Wassers unten und des Wassers im Tank über mir, der sich wieder füllte. Ich berührte die frommen Medaillons, die ich um den Hals trug.

Als ich aus der Toilette kam, stand mein Bruder im Zimmer. Tante Bella nahm ihm den Mantel ab. Ich hatte meinen noch an. Ich begann mich aus dem Mantel und dem kratzigen Wollpullover zu schälen. Zum ersten Mal seit unserer Ankunft, seit unserer Gefangennahme an Weihnachten befand sich mein Körper in der Wärme eines Zimmers in einem Haus. Dann sah ich den Mann am Tisch sitzen. Er trug einen Pullover und auf dem kurzen blonden Haar eine Mütze. Seine Hosen waren in die Stiefel gesteckt. Er sah sehr gut aus. Das Gefühl von Behagen begann zu schwinden. Wir wurden von einem verkleideten Nazi bewacht. Aber nein. Er und Raisa unterhielten sich auf Polnisch. Lachten.

Und dann erblickte ich den Korb auf dem Tisch. Raisa und Tante Bella nahmen einen Laib Schwarzbrot heraus und ein Stück Schinkenspeck. Sein Räucherduft stieg mir in die Nase und ließ mir das Wasser im Mund zusammenlaufen. Der Mann hatte ein Messer. Er schnitt für uns alle Brot ab und dann schnitt er den Schinken in Scheiben. Raisa legte den Schinken auf das Brot und reichte es am Tisch herum. Es gab außerdem eine *kiełbasa*, die für uns aufgeschnitten wurde. Und Senf.

Mein Bruder hatte den Blick gesenkt. Er hatte ein Lächeln im Gesicht, das mich an eine Redensart denken ließ, die Niania oft benutzte: *»Śmieje się jak głupi do sera.«* (Er lacht wie ein Simpel, wenn er Käse sieht.)

Im Gefängnis waren lange dunkle Tage in nasskalte Nächte des Schlafens übergegangen. Es waren willkommene Unterbrechungen, ja sogar Lichtblicke gewesen, wenn der Wärter das Fass mit der wässrigen Kohlsuppe gebracht oder einer den Latrineneimer abgeholt hatte. All das hatte mit den erschreckenden Ereignissen des vergangenen Tages und der Nacht geendet. Und jetzt saßen wir in einem sicheren, warmen Zimmer. Wir bekamen gute Dinge zu essen. Lächelnde Menschen sorgten für uns. Ich begann zu glauben, dass etwas Gutes geschehen würde. Dass es bald geschehen würde. Vielleicht hatte ich Recht gehabt, als ich gemeint hatte, wir wären etwas Besonderes.

Mein Bruder flüsterte: »Vielleicht kommt sie doch.« Ich nickte und kaute köstlichen, zarten Räucherschinken. Ja. Nianiusiu, dachte ich. Du hast uns nicht geholt. Aber die Heilige Mutter Gottes hat auf dich gehört. Sie ist bei uns.

Nachdem wir gegessen hatten und der Rest des Essens wieder in den Korb gepackt und in den Schrank gestellt worden war, legte sich Tante Bella auf das Bett und schlief ein. Mein Bruder legte sich dazu. Bald war auch er eingeschlafen.

Raisa unterhielt sich leise mit dem hübschen jungen Mann. Sie lachten gelegentlich. Dann verließ er das Zimmer und als er zurückkam, trug er eine Zinkwanne, wie man sie benutzte, um darin Wäsche auf einem Waschbrett zu schrubben. Die Wanne war voll von dampfendem Wasser.

»Du bekommst ein richtiges Bad«, sagte Raisa. Sie begann mir die verschiedenen Schichten von Kleidern auszuziehen. Als sie mir die Kette mit den Medaillons abnehmen wollte, wehrte ich mich. »Schon gut, schon gut!« Sie verdrehte die Augen und ließ ab.

Als ich nichts mehr anhatte, half mir meine Cousine in die Wanne. Ich konnte nicht untertauchen, weil dann das Wasser in der kleinen Wanne übergelaufen wäre. Also stand ich, das Wasser reichte mir eben über die Knie. Raisas Hände waren überall, seiften mich ein, schrubbten mich am Bauch, unter den Armen, zwischen den Beinen. Der Mann sah mich die ganze Zeit an und lächelte. Ich war zehn Jahre alt. Es war mir nicht recht, dass ich nackt vor ihm stand. Warum hatte Raisa ihn nicht gebeten sich umzudrehen oder hinauszugehen?

In der Sicherheit des Zimmers, fern von den Gefangenen und Wachen des Konzentrationslagers, hätte ich den unerwarteten Luxus eines Bades in heißem Seifenwasser genießen sollen. Aber ich bekam mein Bad weniger, damit ich sauber würde, als damit Cousine Raisa mich wie eine Puppe behandeln und mit einem Mann lachen konnte, der nicht hätte da sein und mir zuschauen dürfen.

Das letzte Mal hatte ich Raisa im Ghetto gesehen. Schon da war mir meine Cousine nicht mehr so hübsch vorgekommen, wie ich sie aus der Zeit vor dem Krieg in Erinnerung gehabt hatte. Sie hatte sich die dicken langen Zöpfe abgeschnitten. Jetzt war ihr dunkles Haar ein glanzloses und schmutziges Gewirr, das in ungleichmäßigen Büscheln hochstand. Die schönen Beine, die ich bei dem Schulumzug in weißen Kniestrümpfen die Straße hatte entlangtänzeln sehen, steckten in schrumpligen braunen Strümpfen. An den Füßen hatte sie alte Männerschuhe. Sie trug zwei Röcke übereinander und einen großen braunen Pullover mit etlichen Löchern. Ob sie auch Läuse in Kleidern und Haaren hatte wie ich?

Bald nachdem ich mein Bad bekommen hatte, ging der Mann fort. Als es dunkel wurde, stiegen wir wieder die Treppe hinunter und kamen genau richtig zum erneuten Antreten. Niemand stellte uns Fragen. Wieder wurde ich von meinem Bruder getrennt. Er hatte fast den ganzen Nachmittag geschlafen und wirkte immer noch mitgenommmen. Ich blickte ihm nach, als er hinter Onkel Samuel her zu den Männerbaracken ging.

14. Kapitel

Ein paar Tage danach glaubte ich beim Morgenappell flüchtig die Frau zu sehen, deren Sohn erschossen worden war. Ich hoffte, dass sie nicht zu mir oder meinem Bruder schauen würde. Es ging alles gut. Sie würde uns bestimmt einen bösen Blick schicken. Wir waren erkoren, etwas Besonderes zu sein, Brot und geräucherten Schinkenspeck mit Senf und sogar hart gekochte Eier zu essen.

An manchen Tagen forderte Raisa, wenn sie mich gebadet hatte, meinen Bruder auf, den Oberkörper freizumachen. Sie wusch ihn mit dem Seifenwasser, aus dem ich gerade herausgestiegen war. Diese Rituale – die Besuche des hübschen jungen Mannes und das gute Essen – gingen weiter. Aber eines Abends, zu der Zeit, wo sonst das Licht ausgeschaltet wurde, gellten unerwartet die Sirenen. Wir mussten aus den Kojen kriechen und antreten. Wie in der Nacht, als wir angekommen waren. Aus den deutschen Befehlen entnahm ich, dass das Lager aufgelöst wurde. *Likwidacja* (Liquidation). Das Wort war allgegenwärtig. Die Nazis erlaubten den Gefangenen, in die Baracken, zu ihren Pritschen zurückzugehen und ihre Habe zu holen. Bis auf die Lumpen, die ich am Leib trug, die frommen Medaillons, den Blechbecher und den Rosenkranz, den mir Niania geschenkt hatte, besaß ich nichts.

Später am Abend marschierten wir durch das Tor des Lagers. Ich dachte an die Menschen, die bei uns gewesen waren, als wir in dem Lastwagen mit der Plane hergebracht worden waren. Ich dachte an die, die nicht wieder hinausgehen würden. Deren Leichen irgendwo außerhalb des Stacheldrahtzauns zurückblieben. Wir hinterließen leere Baracken. Die Scheinwerfer waren ausgeschaltet.

Krakau war nicht weit weg. Ich wusste das. Als wir als Gefangene hergekommen waren, hatte die Fahrt nach Płaszów im Lastwagen nicht lange gedauert. Wir marschierten jetzt durch einen dunklen Wald. Ich ging mit den Frauen. Die Männer waren irgendwo weiter rechts oder hinter uns. Es war keine große Gruppe, die aus diesem Lager übrig war. Nicht weit weg von uns fuhr der Nazikommandant mitsamt seinem Besitz auf einem der zwei von Pferden gezogenen Wagen. Die Wachen trotteten genauso dahin wie wir andern. Sie waren stiller als gewöhnlich. Diesmal schienen wir alle Teil derselben *likwidacja* zu sein.

Wir waren noch nicht lange gelaufen, als mich Raisa in die Seite stieß. »Du musst dich jetzt da in die Büsche schlagen«, flüsterte meine Cousine.

Ich verstand nicht. Wir gingen durch ein dünn bewaldetes Gelände. Ich sah mich vorsichtig um. Die Nazis brüllten zwar nicht, aber sie hatten Gewehre über der Schulter und die behandschuhten Hände steckten in den ledernen Riemen. Immer bereit zu zielen und zu schießen.

»Nun geh schon, du musst jetzt gehen«, flüsterte Tante Bella. »Niania ist da irgendwo, sie wartet auf dich …«

Niania war gekommen, wie versprochen! Einen Augenblick lang wollte ich es gern glauben.

»Wo ist mein Bruder?«, flüsterte ich. »Ohne meinen Bruder tue ich nichts.«

»Er wird auch abhauen. Er ist bei Onkel Samuel.« Meine Cousine schüttelte mich am Arm. »Los, geh jetzt. Wir kommen auch. Geh.«

Drei Nazis liefen direkt vor uns. Ich hatte Angst mich umzudrehen, um zu gucken, wie viele unmittelbar hinter uns waren.

Ich glaubte Raisa nicht. Warum versuchten sie mich zu täuschen? »Warum gehst du nicht als Erste?«, flüsterte ich. »Geht ihr vor, du und Tante Bella.«

»Wir haben Niania versprochen dafür zu sorgen, dass erst du in Sicherheit bist.«

Wann hatten sie mit Niania geredet? Wo? Warum hätte Niania mit Raisa Kontakt aufnehmen sollen und nicht mit uns? Jetzt war ich sicher, dass sie log. Es war ein Trick. Dafür musste es einen Grund geben. Sie haben sich mit den Nazis verständigt, dachte ich. Raisa war eine von den Jüdinnen geworden, die den Nazis halfen. Im Tausch für irgendeine Vergünstigung. Warum waren wir nicht erschossen worden in der Nacht, in der wir in Płaszów angekommen waren? Als sie die alte Frau mit dem Verband am Handgelenk erschossen hatten, die sie wie einen Sack mitgeschleift hatten. Und die Frau mit der Gehbehinderung und dem Stock. *Ich kann arbeiten! Ich kann arbeiten!* Wahrscheinlich hatte sie diese Worte wiederholt, bis die Kugeln sie trafen. Und den Jungen. Dessen Mutter schrie: »Nehmt ihn doch, nehmt ihn!«, und versuchte, meinen Bruder aus der Reihe zu zerren. Wir waren genauso nutzlos und uns hatte man verschont. Wir waren ein Teil dieser Art von Tauschgeschäften gewesen. Aber nun hatten sie alle genug von uns. Meine Tante und meine Cousine wollten uns loswerden.

Es war dunkel. Aber im Januar sind die Bäume kahl. Die Nazis hatten starke Taschenlampen bei sich. Es wäre leicht, jemanden zu entdecken, der sich davonzumachen versuchte. Das hier war nicht das Gleiche wie an jenem schläfrigen, warmen Nachmittag, als wir über eine Brücke aus dem Ghetto gegangen waren.

Ich begann zu weinen. Das erschreckte die Frauen um mich herum. »Sch, sch, sch!« Wir stifteten Unruhe. Jeden Augenblick konnte ein Bewacher zur Stelle sein. Raisa trat zur Seite und hörte auf, mich zu plagen.

Wenn ich immer einfach geradeaus ginge, nichts sagte, mich nicht umsähe, würde ich sicher sein. Ich wollte nichts mit meiner Tante und meiner Cousine zu tun haben. Irgendwo unter meiner zerlumpten Kleidung fühlte ich die Kette mit den Medaillons, die mir Niania umgehängt hatte. Ich hörte auf zu weinen. Ich war von Juden umgeben. Wenn ich sie ignorierte, wäre ich in Sicherheit. Mein Bruder und ich würden beide in Sicherheit sein.

Ich weiß nicht, wie lange wir schon marschiert waren, als ich meinen Bruder fand. Wir gingen jetzt zusammen. Die Gruppen von Männern und Frauen waren nicht mehr getrennt. Ich glaube, die Nazibewacher waren müde und hatten keine Lust mehr, sich darum zu kümmern. Irgendwann erlaubte der Kommandant ein paar Frauen, auf den Wagen zu steigen und mitzufahren.

Wir waren nicht mehr im Wald. Wir marschierten auf einer verschneiten Straße durch offenes Gelände. Es war eine strahlende Nacht. Die abgetragenen Schuhe, die mein Bruder und ich an den Füßen hatten, waren mit Lumpen umwickelt und mit Fetzen von Papier ausgestopft. Irgendwo unter uns, tief unter unseren Körpern, waren unsere Füße und knirschten im Schnee der Straße. Wir fühlten sie nicht mehr. Die eisharte Nacht hindurch hatten wir ein Gefühl, als trieben uns kleine Motoren immer weiter voran.

Über uns stand der volle Mond. Der offene Himmel war dicht mit Sternen besetzt. »Wie wunderschön das ist«, flüsterte ich meinem Bruder zu. »Denk doch mal, wenn wir sicher zu Hause wären, würden wir das nicht gesehen haben.«

»Niania hätte uns nie erlaubt, um diese Zeit draußen zu sein«, sagte mein Bruder.

In dem strahlenden Licht der unendlichen und unbarmherzigen Winternacht vergaßen wir Hunger und Durst. Auf Füßen, die nicht mehr zu uns gehörten, eingelullt vom Knirschen des Schnees, schliefen wir ein. Gingen weiter. Bewegten uns. Vorwärts. In unserer gefrorenen Betäubung waren wir niemandes Kinder. Wir waren frei.

Irgendwann in dieser Nacht peitschten mehrere Schüsse. Wir hörten Schreie. Wir sahen eine Frau auf dem Acker neben der Straße knien. Ein Nazi stand über ihr. Im hellen Mondlicht breitete sich ein großer Fleck aus. Er färbte den Schnee rot.

Es gab noch mehr Schüsse. Dann keine Schreie mehr. Nur das übliche Gebrüll der Deutschen. Wir gingen vorbei. Wir gingen weiter.

Wir wussten nicht, wohin wir marschierten, in dieser Nacht im Januar 1945.

15. Kapitel

Auf unserem Marsch fort von Płaszów, in dieser bitterkalten Januarnacht, in dem schlaftrunkenen, erschöpften Zustand, in dem wir jedes Gefühl für Zeit, für unsere Glieder verloren hatten, entstand plötzlich neue Unruhe unter den Gefangenen. Durch die Atemwolken in der Eisluft hörten wir Murmeln, Flüstern … »*Auschwitz … Auschwitz.*«

Hinter dem Schutz von Stacheldrahtzäunen hoben sich gegen den verblassenden, aber immer noch mondhellen Himmel undeutlich lange Reihen von Baracken ab. Über uns stand oberhalb des Eingangstors in großen Buchstaben aus Schmiedeeisen, wie mit der Hand gemalt: *ARBEIT MACHT FREI.*

Die formlose Masse unserer Leiber schob sich voran. Mein Bruder und ich stolperten mit den anderen über Eisbrocken und Schnee durch das Tor. Ich war darauf bedacht, Schritt zu halten und nicht zurückzubleiben, und hatte nur nach unten oder nach vorn geschaut. Als ich mich endlich einmal umschaute, merkte ich, wie klein unsere Gruppe geworden war.

Seit mein Bruder und ich wieder Seite an Seite gegangen waren, hatte ich Raisa und meine Tante und meinen Onkel vergessen gehabt. Ich hatte sie eigentlich gar nicht mehr gesehen seit dem Augenblick zu Beginn des Marsches, an dem ich mich geweigert hatte, die Kolonne zu verlassen. Ich wusste nicht, was mit ihnen geschehen war. Ich entdeckte keine Gefangenen um uns herum, die ich von Płaszów kannte. Ob sie im Wald erschossen worden waren? Da war diese Frau gewesen, die in der Schneewehe kniete. Hatte es noch mehr Erschießungen gegeben? Vielleicht hatten wir tatsächlich sehr lange beim Gehen geschlafen. So tief geschlafen, dass wir keine Schüsse gehört hatten.

Und jetzt waren wir weit weg von Krakau, von Niania. An diesem Ort, von dem wir nur mit Grauen und Ungläubigkeit hatten sprechen hören. Nianias Reden von Hölle und Sünde hatte sich manchmal mit den Gefahren von Auschwitz vermengt. Und hier waren wir jetzt angekommen.

Ein Ekel erregender Brandgeruch durchdrang die eisige Luft. Er schien um die Ecken der langen Baracken zu schleichen, die sich in endlosen Reihen wie flache, tintenschwarze Schmutzflecken gegen den Himmel abhoben. Und dann wurde mir plötzlich bewusst, dass das gefürchtete Auschwitz leer war.

Am Boden neben den Baracken rann Wasser aus rostigen Rohren. Ich war durstig ... durstig ... Ich bückte mich schnell, um ein bisschen Wasser in dem Becher aufzufangen, den ich in der Nacht nicht verloren hatte.

»Du darfst das Wasser nicht trinken.« Mein Bruder zupfte mich am Ärmel. »Ich hab gehört, wie eine Frau das gesagt hat.«

Ich trank. Es war mir egal. Ich trank große Schlucke ... ein Geschmack von Schwefel auf der Zunge. Die Kehle hinunter. Es war mir egal. Ich wollte Wasser trinken. Ich musste pinkeln. Ich wollte mich irgendwo hinlegen.

Die Nazis machten sich nicht die Mühe, uns zu sortieren. Sie schoben uns in Gruppen in leere Baracken. Mein Bruder und ich landeten auf einer der unteren Pritschen, in der nicht mehr viel Stroh in den abgenutzten Rupfensäcken war. Einer der Nazis stieß noch zwei Frauen zu uns hinein und ging. Die Frauen fanden dann noch woanders Platz. Diese Pritschen waren eigentlich nicht mehr als hölzerne Regale; auf jeden Fall war es leichter, zu zweit darin Platz zu finden als zu viert. In Płaszów hatte ich eine Koje für mich gehabt. Ich wünschte, wir hätten da bleiben können. Dort waren wir etwas Besonderes gewesen. Jetzt lag ich neben meinem Bruder auf einem Regalbrett auf wenig Stroh, mit Lumpen auf der Haut meines erschöpften Körpers; grässliche Gerüche hüllten uns ein, und es war mir egal, was sie am nächsten Tag oder am übernächsten mit uns machen würden ... In diesem Augenblick wollte ich nichts mehr, gar nichts ... Nur nicht mehr auf dem Marsch sein, ich wollte nur meinen Kopf hinlegen und nicht mehr durch den Schnee schlurfen ... liegen, schlafen ... Das hier reichte mir ... es war gut ...

Durch einen Schleier drang die Lagersirene, und vertrautes Gebrüll ließ mich aus einem erfreulichen Schlaf unter einem dicken Plumeau in einem weichen Bett mit sauberen Leintüchern aufschrecken. Es schien nur Augenblicke her zu sein, dass ich eingeschlafen war. Um mich herum Schlurfen, Murren und die Gerüche erwachender Gefangener.

»Wo sind wir?« Mein Bruder rieb sich die Augen. Die Mütze war ihm vom Kopf gefallen.

Einen Augenblick konnte ich nicht antworten. Ich wusste es nicht. Dann erinnerte ich mich an die Schrift, unter der wir durchmarschiert waren. Es schien erst wenige Minuten her zu sein.

»Oświęcim«, flüsterte ich. »Wir sind in Auschwitz.«

Es hatte etwas Großartiges, das zu wissen. Es war das ständige Nichtwissen, das uns zu hilflosen Häufchen machte. Einen winzigen Moment lang spürte ich, dass mich mein Bruder bewunderte. So wie ich vor langer Zeit Raisa bewundert hatte. Ich suchte meines Bruders Wollmütze in Stroh und Rupfen und gab sie ihm.

Ein Nazi kam herein und begann uns alle hinauszuscheuchen. Draußen war der Mond weitergewandert und verblasste. Der Himmel war rosig und golden. Der Morgen war so schön, wie es die vergangene Nacht gewesen war. Die brutal eisige Luft vertrieb meine Schläfrigkeit. Am Ende der Reihe von Baracken sah ich die Schornsteine. Es kam kein Rauch heraus.

»Links, links!« Das Gebrüll begann wieder. Immer das Gebrüll. *»Schnell! Links, links.«* Wir wurden auf das Tor zugetrieben, durch das wir gekommen waren. Dann entdeckte ich den Zug.

16. Kapitel

Es waren Waggons mit Lattenwänden, zu denen keine Stufen hinaufführten. Mein Bruder war kleiner als ich. Eine der Frauen langte hinunter und half ihm, durch die Öffnung hinaufzusteigen. Ich hatte keine anderen Kinder gesehen. Schnell stemmte ich mich hoch und hoffte, dass die Nazis nicht genau hergeschaut und bemerkt hatten, dass niemand sonst so klein war wie mein Bruder und ich. Immer mehr Menschen stiegen herauf. Als der Wagen voll war und niemand mehr hereingepasst hätte, schlossen die Nazis die Tür. Ich hörte, wie der Eisenriegel vorgeschoben wurde.

Die Güterwagen dieses Zuges waren alle oben offen. Der Himmel war jetzt ganz hell geworden. Ein Rucken. Die Menschen stießen gegeneinander. Es gab Geschiebe und Murren. Es war unmöglich, Platz zum Sitzen zu finden. Mein Bruder und ich standen dicht eingeklemmt in einer Ecke des Waggons. Wenn sich jemand bewegte, nahm der Gestank zu. Die Räder unter uns begannen sich zu drehen. Für den Bruchteil einer Sekunde fuhr ein Gefühl von Hoffnung durch mich hindurch wie ein elektrischer Schlag. Dann fiel mir der Tag ein, an dem wir von unserem Versteck in einem leer stehenden Haus außerhalb von Krakau aus beobachtet hatten, wie ein Judentransport verladen wurde. Dass wir im verschlossenen

Waggon eines Güterzuges fuhren, hieß, dass wir wie jene Menschen geworden waren, die wir damals in der Ferne kaum hatten erkennen können. Was für eine dumme Verheißung erträumte ich mir da? Die Räder dieses Zuges waren nicht die jenes Zuges, den wir dann mit Niania bestiegen hatten, um in die Sicherheit der Provinz zu fahren. Ich schaute meinen Bruder an. Er blickte zum Himmel hinauf.

Die Sonne stand hoch, als der Zug langsamer zu werden begann. Achsen und Räder unter uns kreischten, während er bremste. Ich spähte durch die Latten des Wagens. Ich konnte nichts als kahle braune Äcker sehen. Der Zug hielt. Ich hörte das Knirschen von Schritten auf dem Schotter an den Gleisen. Die Bewacher mussten aus dem Wagen gestiegen sein, in dem sie fuhren. Ich konnte das Zischen und den Leerlauf der Lokomotive an der Spitze des Zuges hören. Der Rauch trieb über uns hinweg nach hinten. Warum hatten wir angehalten? Gleich werden sie uns ausladen, dachte ich. Und uns wieder stoßen und schieben und selektieren. Sie werden entscheiden, wer erschossen wird. Ich horchte, ob sie die Türen der Lattenwagen aufzögen. Ich fasste nach der Hand meines Bruders. Der Zug stand still. Die Türen blieben geschlossen. Aus irgendeinem Grund war ich erleichtert.

Ich hatte noch ein Problem. Ich brauchte einen Eimer. Ich wusste nicht, ob es irgendwo in dem Waggon einen gab. Aber wenn, dann konnte ich trotzdem nicht dahin vordringen. Wenn ich mich einfach hinhockte und mich erleichterte, wer weiß, wie lange ich dann in meinem eigenen Schmutz würde stehen müssen. Ich war bei dem Versuch, an mich zu halten, schon so gut es ging in Bewegung gewesen. Eine Weile vorher hatte ich unter die Schichten von Kleidung gegriffen, und es war mir gelungen, den Zwickel meiner Unterhose zur Seite zu schieben. Ich hatte vorsichtig die Beine gespreizt und gepinkelt. Niemand hatte es bemerkt. Oder niemand hatte sich dafür interessiert. Bis der Zug jetzt angehalten hatte, war aber der Druck im Gedärm viel schlimmer geworden. Ich hatte Angst, in die Hose zu machen. Ich genierte mich. Ich musste etwas unternehmen.

Ich benutzte die Latten des Wagens als Leiter und kletterte hoch. Mit dem Rücken zum Acker hielt ich mich mit einer Hand fest und zog mir mit der anderen Hand die Unterhose bis zu den Knien herunter. Schließlich war ich es gewöhnt, über dem großen Loch in einem ländlichen Außenklo die Balance zu halten, während mich Fliegen umsummten. Jetzt hatte ich ebensolche Angst, dass mich ein Nazi in den Hintern schießen könnte, wie ich Angst gehabt hatte, mir in die Hosen zu machen. Ich konzentrierte mich. Ich betete. Unter meinem nackten Hinterteil hörte ich die regelmäßigen Schritte der Bewacher, die neben dem Zug auf und ab marschierten. Was, wenn sie mich da hocken sahen und glaubten, ich wollte fliehen? Dann trieb es geschmeidig aus meinem Unterkörper hinaus, eine schnelle Erleichterung. Ich wischte mich nicht ab. Während ich begann, wieder hinunterzuklettern, setzte sich der Zug in Bewegung. Als ich sicher wieder auf dem Boden des Waggons neben meinem Bruder stand, mit der Masse von Leibern rund um mich her, spürte ich so etwas wie Triumph, ja, fast Freude.

Wir standen die ganze Fahrt hindurch. Als einmal ein Gefangener in der Hoffnung, sich einen Augenblick setzen zu können, einen anderen zur Seite drängte, hörten wir Streit und Schimpfen. Mein Bruder und ich waren klein. Wir nahmen weniger Platz ein. Es war uns gelungen, in unserer Ecke zu bleiben und uns an die Wand des Waggons zu lehnen. In der Mitte eingeklemmt zu sein wäre schlimmer gewesen.

Ich musste geschlafen haben. Im Stehen. Als der Zug ruckelnd wieder anhielt, war es Morgen. Wir waren einen ganzen Tag und eine

Nacht gefahren. Diesmal zogen die Bewacher die Türen auf. Mit dem üblichen Gebrüll scheuchten sie uns aus dem Zug. Wir standen vor einem Stacheldrahtzaun. Vor uns hatten die Bewacher bereits das Tor geöffnet. Dahinter, hinter Reihen von Baracken, sah ich einen Ziegelschornstein, aus dem in Spiralen Rauch emporstieg in die dünne Januarluft.

Wir schoben auf die offene Tür unseres Waggons zu, als wir die Leiche bemerkten. Steif wie ein feuchter Lappen, den man im Winter draußen hat liegen lassen. Die Person musste eingeschlafen und zu Tode getrampelt worden sein. Ich hätte nicht sagen können, ob es ein Mann oder eine Frau war. Es war eine Leiche in Lumpen. Ich hatte nichts gehört. Wir hatten nichts geahnt. Es war nicht in unserer Ecke des gedrängt vollen Waggons geschehen.

Es war ein großer Sprung aus dem offenen Viehwaggon auf den Boden. Was immer geschehen würde, es war gut, aus diesem stinkenden Wagen heraus zu sein.

Wir folgten den anderen durch das Tor ins Lager. Mein Bruder und ich hielten uns an den Händen und versuchten listig, uns so unsichtbar wie möglich zu machen. Mit steifen Knien traten wir von einem Bein auf das andere und hofften, in der großen Menge von sich bewegenden Leibern aufzugehen und zu verschwinden. Nicht bemerkt zu werden. Nicht herausgegriffen zu werden. In diesem Lager waren wir auf uns selbst gestellt. Im Kopf hörte ich immer wieder das *Ich kann arbeiten*. Die Nazis mussten doch sehen, wie klein, wie nutzlos wir waren. Wieder hörte ich, dass ein Tor geschlossen wurde. Ich hätte mich gern umgedreht. Ich traute mich nicht.

Am Ende der Gasse zwischen den Baracken stand, umgeben von mehreren uniformierten Bewachern, ein Nazi, der bedeutender schien als die anderen, wie ich fand. Er muss der Kommandant gewesen sein. Er zeigte, als wir näher kamen, mit etwas, das wie eine

Reitpeitsche aussah, zur einen oder anderen Seite; *»Rechts! – Links!«* Die Rufe hallten. Für den Bruchteil einer Sekunde sah ich nach rechts, bemerkte den Ziegelschornstein und den Rauch. Schnell zog ich meinen Bruder mit in die Gruppe, die nach links ging. Ich weiß nicht, ob wir nach rechts hätten gehen sollen, in Richtung Schornstein. Ich hatte in den letzten Jahren immer wieder Gerüchte von Gaskammern gehört und von der Verbrennung von Leichen. In diesem Sekundenbruchteil hatte ich entschieden, dass es weiter weg von dem Schornstein sicherer war.

Irgendwann in der Nacht, als wir von Płaszów fortmarschiert waren, hatten mein Bruder und ich den Kontakt zu Onkel Samuel und Tante Bella und Raisa verloren. Sie hatten keine Bedeutung mehr für mich. Erst hatten sie so getan, als ob sie für uns sorgen wollten. Dann hatten sie gelogen. Dann hatten sie versucht, uns hereinzulegen. Die Versäumnisse der Erwachsenen um uns herum hatten uns an diesen Ort gebracht. Und jetzt schlurften wir, mein Bruder und ich, in einem anderen Konzentrationslager mal wieder in einer Reihe vorwärts. Wie dieses Lager hieß, wusste ich anfangs nicht.

In einer Baracke mussten wir antreten. Wir sollten uns ausziehen, wurde uns gesagt. Erst da merkte ich, dass um uns herum nur Frauen waren. Waren auch im Zug nur Frauen gewesen? Ich hatte all diese in Lumpen gehüllten Leute nicht mehr als Männer oder Frauen betrachtet. Nur als Körper in Lumpen. Nackt gingen wir im Gänsemarsch an uniformierten Aufseherinnen vorbei, die an Tischen saßen. Mit kleinen hölzernen Spateln holten sie geschickt eine Art weißer Paste aus Eimern und schmierten sie uns allen zwischen die Beine. Niemand reagierte auf meinen Bruder.

Dann kam eine der Aufseherinnen mit einer Schere und einem Rasierer auf mich zu. Ich wusste, was bevorstand. Die meisten der nackten Frauen um uns herum hatten die Schädel geschoren. Manche hatten Mützen auf oder Tücher um den Kopf. Ich wurde auf einen Stuhl gedrückt. »Nein, nein, bitte!« Ich hielt verzweifelt meine Hände an die Haare. *»Nein, nein, bitte!«*, flehte ich schwach auf Deutsch.

Die Aufseherin sah nicht gemein aus. Sie schlug mich nicht. Sie nahm einfach meine Hände vom Kopf, von den Haaren weg. Zwei schnelle Schnitte mit der scharfen Schere und meine Zöpfe fielen zu Boden. Dann klickte und kratzte der Rasierer, bis ich nicht ein Haar mehr auf dem Kopf hatte. Keine Schnitte auf der Kopfhaut. Ich war nicht verletzt. Ich hätte ein Stück Holz sein können, das die Frau polieren sollte.

Ich wagte nicht zu weinen. Ich setzte meine Strickmütze auf. Mehrere andere Frauen, die noch Haare auf dem Kopf hatten, folgten mir auf dem Stuhl und wurden geschoren. Mein Bruder blieb verschont. Vielleicht fand die Frau mit dem Rasierer, dass sich in seinen Haaren nicht so viele Läuse verbargen. Das Haar meines Bruders war kurz, und es war blond. Es war nie so dick gewesen wie meins. Auch wenn ich nur einer von vielen geschorenen Köpfen ringsherum war, fühlte ich mich ausgesondert, besonders *verflucht*. Ich hatte meine langen Zöpfe gern gehabt. Wieder schämte ich mich ganz schrecklich.

In diesem Augenblick hörte ich eine Frau einer anderen zuflüstern, dass wir in einem Lager namens Ravensbrück wären. Wir bekamen Befehl, zu unseren Sachen zurückzugehen. Während wir hatten anstehen müssen, waren die Stapel mit unseren Lumpen mit einer Art Puder eingesprüht worden. Ich glaubte, es sei Gift, und versuchte nicht zu atmen. Wir zogen uns wieder an. Sie teilten uns in Gruppen. Mein Bruder und ich gingen mit zu einer der Baracken. Ich atmete wieder. Nichts geschah. Ich lebte noch. Mein Bruder war bei mir.

In der Baracke suchten wir uns eine leere Pritsche. Irgendwie gelang es uns, auf unserem Regalbrett allein zu bleiben. Vorher hatte ich ein paar Frauen aus unserem Transport auf Polnisch über die schmutzigen Rumäninnen und Ungarinnen miteinander reden hören. Vier Frauen in dicken Schichten von Lumpen schliefen auf der Pritsche unter der, in der mein Bruder und ich lagen. Die Baracke war randvoll von hungrigen, schmutzigen, streitenden Frauen, die einander in Sprachen anknurrten und anzischten, die wir nicht verstanden. Płaszów war ein viel kleineres Lager gewesen. Und da waren wir privilegiert gewesen und waren ernährt und versorgt worden.

Wir waren alle daran gewöhnt, als *schmutzig, dreckig, verflucht* beschimpft zu werden. Solange wir glaubten, dass die Rumäninnen und Ungarinnen die Schmutzigsten wären, konnten wir uns einbilden, wir wären sauberer, wir wären besser. Aber in dieser Baracke waren wir von ihnen umgeben. Ich flüsterte meinem Bruder zu: »Sogar wie sie reden, klingt schmutzig.«

Wir schienen am Rande der Lagerroutine vergessen worden zu sein. Nach dem Morgenappell sahen wir Gruppen von Frauen, von Bewachern umgeben, irgendwohin fortmarschieren. Abends kehrten sie zurück. Erschöpft und murrend legten sie sich auf die überfüllten Pritschen um uns herum. Wenn wir uns nicht zur Essensausgabe mit unseren Blechbechern anstellten, kauerten wir in Ecken und versuchten unsichtbar zu bleiben. Wir tranken das Wasser, das nach Schwefel schmeckte. Die wässrige Suppe, die uns in die Blechgefäße geschöpft wurde, konnte den Hunger nur kurz besänftigen. Das Kohlblatt, das in der Flüssigkeit schwamm, quälte meine Geschmacksknospen mit der Erinnerung an irgendetwas Köstliches, das ich vor langer Zeit gegessen hatte. Einmal fand ich eine rohe Kartoffel im Matsch. Mein Bruder und ich bissen abwechselnd ab. Einmal fanden wir ein Päckchen Salz und aßen das Salz. In meinem aller Genüsse beraubten Speichel lauerte das Andenken an Brot und Butter, an duftende gekochte Kartoffeln, die strahlende Erinnerung an Schinkenstückchen oder an eine Tasse heißer Schokolade.

Angst kann verdrängt werden von den Wellen von Hunger, die, nicht unähnlich der Übelkeit, nie aufhörten, in meinem Magen zu wüten. Ich wusste nicht, dass man vor Hunger in Bewusstlosigkeit, in Halluzinationen versinken konnte. Es passierte mir nicht.

Irgendwo vor Montelupi, vor Płaszów, hatten mein Bruder und ich uns von unserem Körper trennen müssen. In Betäubung gefangen, waren diese Körper nichts als zwei hungrige, juckende Klumpen. Ich glaube nicht, dass ich irgendeinen Verlust spürte, mit Ausnahme des Schutzes durch Niania. Ich hockte nur fiebernd da, Durchfall tropfte aus meinem Hintern, und ich träumte von einem Tag, an dem ich in einem weichen Bett mit sauberem Bettzeug schlafen und auf einem Klo mit Wasserspülung in einer Toilette sitzen würde, deren Tür man zumachen konnte.

17. Kapitel

Wir lagen furchtbar geschwächt auf unserer Pritsche, krank vor Erkältung und ständigem Durchfall. Mein Bruder zitterte und schwitzte. Ich lag neben ihm und döste oder schlief. Im Traum wollte ich eben von einem knackfrischen Weißbrot mit Butter abbeißen. Bevor ich aber den Geschmack schmecken konnte, verwandelte es sich in meiner Hand in einen Fisch mit weißem Bauch, von dem ich wusste, dass er tot war, der aber immer noch zappelte. Ich wachte auf, mir war übel, ich rang nach Luft.

Abwechselnd gingen wir mit unseren Blechbechern hinaus und holten Wasser von der Leitung außerhalb der Baracke. Ich weiß nicht, wie viele Male wir zur Latrine hasteten. Bis auf diese Ausflüge harrten wir still in unserer Ecke aus. Meistens schliefen wir.

Wir mussten vermeiden, dass man uns aufs Krankenrevier brachte. Bevor wir überhaupt gefasst worden waren, hatten wir schon von Experimenten gehört, die Ärzte in den Krankenabteilungen der Lager durchführten. Ich wusste nicht, was »Experimente« waren. Aber ich wusste, dass es immer am besten war, wenn man groß und stark und gesund aussah. Wir waren sicher, dass es am besten war, wenn wir unsere Krankheit vor den Ungarinnen und Rumäninnen geheim hielten. Denn wie sollten wir wissen, ob sie nicht Denunziantinnen waren?

»Sie sind überall um uns herum«, sagte mein Bruder. »Wir können uns nicht vor ihnen verstecken.«

»Sie werden nichts merken«, sagte ich. »Sie tun nichts anderes, als miteinander zu streiten.«

Eines Nachts träumte ich, ich nähme ein heißes Bad in einer großen Wanne. Ich fühlte mich ganz warm und entspannt, als ich aufwachte. Ströme von Durchfall rannen aus mir heraus und über unsere Pritsche.

»Es tut mir Leid!« Ich begann zu wimmern. »Es tut mir so Leid. Ich konnte nichts dagegen tun ... Wirklich nicht!«

»Nicht weinen«, flüsterte mein Bruder und rückte von mir ab. »Sie werden uns hören. Sei still!«

Ich schlich hinaus zur Wasserleitung. Ich hatte auf dem Rücken liegend geschlafen. Die klebrige Flüssigkeit hatte fast schon meinen Hals erreicht. Für den Bruchteil einer Sekunde fuhr mir ein verrückter Gedanke durch den Kopf: Was für ein Glück, dass ich keine langen Haare mehr zu säubern habe. Ich riss mir die unteren Schichten der Kleider vom Leib. Zitternd und voller Angst, dass mich jemand sehen könnte, drückte ich das stinkende Zeug unter dem laufenden Wasser aus. Die äußeren Schichten meiner Kleider waren nicht durchtränkt. Mit den gespülten Teilen wusch ich mir den Rücken und die Oberschenkel und zog dann das, was an Lumpen noch trocken war, wieder an. Ich arbeitete so schnell, dass ich vergaß, wie bitterkalt es war. Bevor ich mich wieder in die Baracke schlich, blickte ich mich schnell um. Niemand war wach. Niemand hatte mich gesehen. Alles war ruhig.

Ich hatte meines Bruders Hälfte der Pritsche nicht ganz und gar verschmutzt. Ich putzte sie mit Stroh und Sackleinen, die als Matratze dienten. Das Bündel mit den gespülten Lumpen drückte ich in einen Spalt zwischen den Brettern neben unserer Pritsche, in der Hoffnung, dass sie trockneten. Wenn ich den Gestank auch nicht ganz herausbekommen hatte, er würde sich mit dem ständigen Geruch der Latrine und der Pfützen von Durchfall, die sich überall im Bereich des Lagers fanden, mischen. Alle waren krank von der Kohlsuppe und dem Wasser.

Ich versuchte, meinen Bruder mit keinem Körperteil zu berühren, als ich wieder in meine Ecke kroch. Ich war durstig und schwach und ich schämte mich. Mein Bruder war doch auch krank. Aber ich war diejenige, die uns beide dreckig gemacht hatte. Wenn es jemand merkte, waren wir dieses Mal bestimmt geliefert. Und es wäre alles meine Schuld.

Und dann, als ich mir gerade ein Leben ohne Durchfall gar nicht mehr vorstellen konnte, begann es uns besser zu gehen. Über den Baracken, jenseits des Stacheldrahts, änderte sich das Licht des Himmels. Es war nicht mehr ganz so kalt. Und es hatte schon eine Weile nicht geschneit.

Eines Morgens erschienen zwei polnische Frauen und forderten meinen Bruder und mich auf, mit ihnen zu kommen. Wir hatten mit niemandem in unserer Baracke gesprochen. Selbst wenn wir es gewollt hätten, wir verstanden nicht, was die Ungarinnen und Rumäninnen sagten. In der Baracke, in die wir jetzt geholt wurden, sprachen alle Frauen polnisch. Jede schien eine Pritsche für sich zu haben. Eine von ihnen hatte noch ihre Haare auf dem Kopf. Es war kurz, aber es sah nicht wie Haar aus, das nach einer Rasur wieder wächst.

Sie wurde Pani Marina genannt. Sie und eine andere Frau steckten uns in eine Koje mit erstaunlich sauberen Decken. Zum ersten Mal, seit wir unseren Marsch aus Płaszów begonnen hatten, kümmerten sich Erwachsene um uns und behandelten uns wie Kinder.

Ich bemerkte ein leises, aber ständiges knisterndes Geräusch, das aus Pani Marinas Ecke kam. Auf einer Holzkiste stand unter einem

Tuch etwas, das ich als Radio identifizierte. Lange Litzen verbanden es mit einem Kabel mit Kopfhörern. Pani Marina setzte sie auf und lauschte konzentriert. Wenn sie die Kopfhörer absetzte, nahm sogleich eine andere Frau ihre Stelle ein. Mehrere der Frauen wechselten sich am Radio ab. Worauf horchten sie? Warum ließ man sie gewähren? Dann wurde mir bewusst, dass wir seit mehreren Tagen keine Nazibewacher mehr gesehen hatten.

»Was machen die da?« Wir hockten in einer dunklen Ecke unserer Pritsche und ich war ärgerlich, dass mir mein Bruder eine solche Frage stellte. Woher sollte ich die Antwort darauf nehmen? Ich war genauso verwirrt wie er. Dass wir nicht von schmutzigen, streitenden Ungarinnen und Rumäninnen umgeben waren, war doch gut genug. Die netten polnischen Frauen schienen nicht einmal Angst vor den Deutschen zu haben. Und wir konnten mit ihnen sprechen. Tief unter den Schichten von Furcht fühlte ich zum ersten Mal, seit wir deportiert worden waren, ein winziges Körnchen Hoffnung keimen. Wenn ich mich aber täuschte in der Erwartung, dass etwas Gutes bevorstand, wollte ich nicht, dass mein Bruder davon wusste.

»Glaub nur nicht, das hieße, dass Niania kommt«, fauchte ich ihn an.

Eines Abends stand Pani Marina vom Radio auf und nahm die Kopfhörer ab. »Sie kommen«, sagte sie. »Bald.«

Die Frauen begannen einander zu umarmen und zu weinen. Marina trat zu meinem Bruder und mir und drückte uns beide an sich.

Es war lange her, seit mich jemand umarmt hatte. Es war ein seltsames Gefühl, dass mich ein Mensch liebevoll an sich drückte. Sie hatte nicht den schmutzigen Lagergeruch. »Es wird alles gut werden für euch«, sagte sie. Ich fühlte, dass unter ihren Kleidern Pani Marinas dünner Körper zitterte. »Es wird für uns alle gut werden.

Sie werden bald hier sein.« Tränen rannen ihr über die Wangen. Ich wusste nicht, wer kommen würde, was geschehen würde, aber ich vertraute Marina und der Freude, die rings um uns zu spüren war.

Am nächsten Tag brachten ein paar von den polnischen Frauen, ich weiß nicht, woher, eine ganze Ladung von großen, schweren Pappkartons in unsere Baracke. Mein Bruder und ich erhielten jeder einen. Wir rissen die Kartons auf und sahen, dass sie voller Konserven waren. An den Deckeln der Dosen waren kleine Schlüssel befestigt. Ich klemmte eine Lasche oben auf dem Deckel in diesen Öffner und rollte ihn zurück. Ein verheißungsvolles Zischen war zu hören. Alle öffneten Dosen, lachten, redeten und aßen.

Ich war überwältigt. Dies war kein Traum. Der Duft all der verschiedenen Nahrungsmittel war real. Sie reizten meine Nase und Zunge. Es gab Bohnen und Fleisch in einer eckigen Büchse, das wie ein Ziegelstein aussah. Es gab flache kleine Büchsen mit Sardinen und Schokoladenriegel, die in glänzende Folie und farbiges Papier eingewickelt waren. Schokolade hatten wir seit Anfang des Krieges nicht mehr geschmeckt. Es gab runde Dosen mit Milch, dickflüssig wie fette Sahne. Der volle, starke Geschmack und die Struktur all dieser wunderbaren Nahrungsmittel mischten und wälzten sich in meinem Mund. Unzerkaute Stückchen Fleisch wurden mit Schlucken von der dicken Milch verschlungen, rutschten mir durch den Schlund und landeten in meinem leeren Magen. Ich dachte nicht mehr an Hunger. Ich dachte nicht mehr an Niania. Ich sah meinen Bruder an. Von leeren Dosen umgeben, saß er mit glänzenden Augen da, biss von der Schokolade ab und schob sich Sardinen in den Mund. Er schlürfte Milch.

»Wieso nimmt uns das niemand weg?«, fragte ich.

»Wenn sie Juden Milch geben«, flüsterte mein Bruder, »muss sich etwas gebessert haben.«

Wir mampften weiter Delikatessen aus einer Dose nach der anderen, bis wir von dem guten Essen so krank waren wie vorher von der wässrigen Kohlsuppe.

An einem strahlenden Aprilmorgen kamen Soldaten, die keine Nazis waren, und öffneten die Tore des Lagers. Einige der Frauen stürzten hin und begannen die Soldaten zu umarmen und zu küssen. Die sahen überrascht aus und fanden das wahrscheinlich nicht besonders angenehm. Als mein Bruder und ich die Baracke verließen, dachte ich an all die Jahre, in denen wir auf der Flucht gewesen waren und uns hatten verstecken müssen. Ich dachte an das ständige Antreten, das Marschieren, die Transporte im Lastwagen, im Viehwaggon, an das Gebrüll und die Kommandos in der verhassten Sprache. Wir waren Ungeziefer und Gewürm gewesen, und nun gingen wir bei helllichtem Tage und unter ihren Nazinasen davon.

Jetzt waren *sie* die Gefangenen. Die Nazis trugen keine Gewehre, keine Helme, sie brüllten nicht, sondern standen demütig, barhäuptig auf einem Haufen. Ganz still. Vielleicht waren sie erleichtert, dass sie nicht mehr für uns verantwortlich waren. Vielleicht tat es ihnen Leid, dass sie zu nachlässig oder langsam gewesen waren. Dass sie es versäumt hatten, uns in ihre Öfen zu schieben.

Ich sah den gefangenen Nazibewachern nicht direkt ins Gesicht. Aus alter Gewohnheit warf ich nur einen verstohlenen Blick von der Seite in ihre Richtung. Ich trug den Kopf nicht hoch. Der Boden unter unseren Füßen war außerhalb des Stacheldrahtzauns genauso matschig wie innerhalb. Wer unsere Retter waren, wusste ich nicht. Aber durch das Tor des Lagers hinauszugehen war umwerfend. Es war, als schritten wir von Licht umglänzt dahin. Am Hals fühlte ich die frommen Medaillons, die sich mir fast in die Haut brannten. Niania war nicht hier, aber sie hatte Recht gehabt. Uns war ein wunderbares Geschenk gemacht worden. Die Jungfrau Maria und das Jesuskind hatten uns beschützt.

Busse des Roten Kreuzes warteten vor dem Lagertor. Wir fuhren den ganzen Tag auf einsamen, morastigen Straßen. Unser Busfahrer trug einen grauen Overall. Er hatte blonde Locken, die unter einer Wollmütze mit Zickzackmuster hervorschauten. Ich verstand die fremdartige Sprache nicht, in der er sich mit dem Soldaten unterhielt, der direkt hinter ihm saß. Ich wusste nicht, wohin wir fuhren. Sie brachten uns von den Nazis fort. Das reichte, um sie zu Engeln zu machen.

Auf dem Schoß umklammerten wir neue Kartons mit Nahrungsmitteln. Schon verfeinerten wir unsere Essgewohnheiten. Wir versuchten, langsamer zu essen. Die Nahrungsmittel zu kauen, bevor wir schluckten. Wir aßen Bohnen mit Fleisch. Nahmen kleine Schlucke Milch. Zuletzt aßen wir die Schokolade.

Am Abend fuhren die Busse in einen dichten Wald. Eine richtige Straße gab es nicht. Der Weg war sehr holprig. Über uns hörten wir das Dröhnen von Flugzeugen. Dann begann der Bombenangriff. Feuer aus dem Himmel. Unser Fahrer bremste. Die Karawane aus drei Bussen kam zum Stehen. Die Scheinwerfer wurden ausgeschaltet. Wie große Tiere, die wissen, wie man sich an den Boden schmiegen und in Zeiten der Gefahr leise sein muss, warteten unsere Busse still unter den Bäumen. Als der Beschuss aufhörte, rollten die Busse langsam im Dunklen weiter. Das geschah mehrmals in dieser Nacht.

Ich hatte keine Angst. Ich war erregt. Ich wartete auf das Bersten der nächsten Bombe. Wartete darauf, dass ihr Aufflammen den Wald erleuchtete. Als das Bombardement am schlimmsten war, sprach der Fahrer unseres Busses ruhig mit uns. Wir verstanden nicht, was er sagte, aber ich wusste, er versicherte uns, dass alles in Ordnung sei. Ich lauschte der gleichmäßigen Modulation seiner Stimme und betrachtete seine kräftigen Hände auf dem Lenkrad, und ich wusste, dass kein Nazi aus dem Wald kommen und uns zurückschleppen würde. Dass wir diese Art von Wahnsinn und Angst hinter uns hatten.

Als der Himmel heller zu werden begann, hörte der Beschuss aus der Luft auf. Die Busse fuhren weiter. Ich hörte, wie die Frauen überlegten, ob wir nach *Szwecja* oder *Szwajcaria* führen. Nach Schweden oder in die Schweiz. Pani Marina war auch in unserem Bus. Sie wusste es. »Nein«, sagte sie, »nicht in die Schweiz. *Szwecja.* Wir fahren nach Schweden.«

Die Schokolade hatte mich an meinen Vater denken lassen. Ich erinnerte mich, wie er vor langer Zeit gesagt hatte, wenn ich ein großes Mädchen wäre, dürfte ich in der Schweiz zur Schule gehen. Jetzt war ich ein großes Mädchen. Ich fuhr nicht in die Schweiz. Ich saß in einem Bus, der nach Schweden fuhr. Wo war Tatuś?

Am Morgen hatten wir eine Küste erreicht. Ich mochte den Bus gar nicht verlassen. Unser Fahrer kam nicht mit uns. Er lächelte und winkte zum Abschied. Er blieb bei seinem Bus. »Er muss zurückfahren«, hörte ich jemanden aus unserer Gruppe sagen. »Es warten noch viel mehr Menschen auf Rettung.«

Der Himmel war blau und klar. Keine Bomber mehr in der Luft. Ich hoffte, dass unser Fahrer nicht in Gefahr geriet.

Auf einer Fähre fuhren wir nach Schweden. *Szwecja. Sverige.* Es herrschte eine festliche Stimmung am Anleger, als wir von Bord gingen. Da standen Menschen, die unsere Ankunft für etwas Besonderes hielten. Fotografen knipsten. Ich schämte mich, weil ich immer noch dieselben Lumpen anhatte, die ich getragen hatte, als wir durch das Tor des Konzentrationslagers hinausmarschiert waren. Das war erst gestern gewesen, aber mir schien es, als seien Jahre vergangen. Ich schaute zurück. Dort hinter uns, auf der anderen Seite, hatten wir eine Welt von Hunger, Schmutz, Gestank und Leichen zurückgelassen.

Schweden

Mein Bruder und ich im Sanatorium. Sonnenwendfeier am 24. Juni 1945, etwa zwei Monate nach unserer Rettung.

18. Kapitel

Wir wurden zu einem amtlich wirkenden Gebäude gebracht. Die Menschen dort mit den weißen Mänteln und Jacken und Schürzen waren Krankenschwestern und Ärzte. Ich wartete auf Befehle, auf Gebrüll. Nichts. Alle waren ruhig und leise. Alles sah sehr sauber aus.

Eine Schwester brachte uns zu einem Waschraum. Es gab zwei Waschbecken mit fließend warmem Wasser. Wir zogen uns aus und wuschen uns. Ich hatte nicht mehr gewusst, wie sich ein sauberes Handtuch anfühlt. Ich bückte mich und ließ mir warmes Wasser aus dem Hahn über die Stoppeln laufen, die wieder auf meinem Kopf zu sprießen begonnen hatten. Ich schämte mich ihrer noch immer. In Handtücher gewickelt wurden wir dann in einen verdunkelten Raum geführt. Da stand eine große Maschine mit Röhren und Leitungen und in der Luft lag ein eigenartiger Chemiegeruch.

Die Schwester trat auf mich zu und wollte mich auf die Maschine zuschieben. Ich bekam wieder Angst. Ich hielt mein Handtuch krampfhaft fest und wand mich aus ihrem Griff. Die Schwester sprach ganz ruhig, aber dass ich kein einziges Wort von dem verstand, was sie sagte, erschreckte mich genauso, als hätte sie Befehle gebrüllt.

Woher sollte ich wissen, dass wir nicht wieder getäuscht und hereingelegt wurden? All ihre Nahrungsmittel und die Nettigkeit waren vielleicht nur Teil eines Naziexperiments!

»Fassen Sie mich nicht an!«, schrie ich. »Fassen Sie mich nicht an!«

Ich hielt das Handtuch um meine Hüften krampfhaft fest und stieß die Schwester von mir. Sie drehte sich um und ging aus dem verdunkelten Raum hinaus. Ich hörte das Klicken der Klinke, als sie draußen war. Wir waren eingeschlossen! Ich zitterte. Ich rannte zur Tür und drehte den Türgriff. Die Tür war nicht verschlossen. Ich sah meinen Bruder an. Er hatte sich während meines ganzen Ausbruchs nicht gerührt. Er stand nur ganz still mitten im Raum. Ich glaube, er hatte mehr Angst vor mir als vor irgendetwas sonst.

Einen Augenblick später kam die Schwester zurück. Pani Marina war bei ihr.

»Diese lieben schwedischen Menschen untersuchen uns alle, um zu sehen, ob wir gesund sind.« Sie versuchte mich zu beruhigen.

»Das haben die Deutschen auch immer behauptet«, rief ich. Ich war stolz, dass ich Pani Marina zeigen konnte, dass ich über diese Dinge Bescheid wusste.

»Das hier ist etwas anderes«, sagte Pani Marina lächelnd. »Die Schwester macht nur eine Röntgenaufnahme von deinen Lungen.« Ich sah, dass Pani Marina einen sauberen grauen Kittel anhatte.

»Von mir ist auch eben ein Röntgenbild gemacht worden«, fuhr sie fort. »Davor muss man keine Angst haben.« Dann sprach sie deutsch mit der Schwester, die sie offenbar verstand, denn sie nickte und lächelte.

Pani Marina traute ich. Ich ließ mich von der Schwester zu der Maschine führen. »Diese Maschine nennt man Röntgengerät.« Pani Marina war bei mir. »Ein Mann namens Röntgen hat es erfunden. Damit können die Ärzte Bilder vom Inneren deines Körpers machen.« Sanft schob mich die Schwester an die glatte, kalte Fläche vorn an der Maschine. Mein Kinn ruhte auf einem eingedellten Teil obendrauf. Der Raum wurde für einen Augenblick dunkel. Ein Klicken und ein Summen. Meine Lungen waren fotografiert worden. Dann war mein Bruder an der Reihe.

Die Schwester ließ mich auf einem Stuhl neben einem weißen Tisch Platz nehmen, der voller spitzer, blinkender Instrumente war, die wie Scheren und Messer aussahen. Sie nahm meine Hand und pikste so schnell in meinen Mittelfinger, dass ich gar nicht wusste, was geschah. Ich sah mein Blut in ein dünnes Röhrchen tropfen. Die Schwester drückte mir ein Stück weiße Gaze auf den winzigen Punkt, der noch ein bisschen blutete. Dann wurde mir mit einer Spritze mehr Blut aus der Vene in der Armbeuge abgenommen. Ich zuckte zusammen. Wieder wäre ich gern vor all diesen Leuten davongelaufen. Mein Bruder war ganz brav und gab keinen Laut von sich, als sein Finger angepikst und ihm Blut aus der Vene abgenommen wurde. Ich wehrte mich auch nicht mehr. Wir bekamen saubere graue Overalls, ähnlich dem, den unser Busfahrer angehabt hatte. Und warme Pullover mit einem bunten Streifenmuster und dazu passende Strickmützen. Ich war froh, so eine hübsche Mütze zu haben, mit der ich meinen Kopf bedecken konnte.

Als wir unsere neuen Sachen angezogen hatten, brachte uns die Schwester in einen großen Raum mit langen Tischen. Ich erkannte die Frauen, die mit uns in den Bussen gewesen waren, kaum wieder. Alle waren gewaschen und sauber und trugen frische saubere Overalls, genau wie die, die man meinem Bruder und mir gegeben hatte. Ich konnte noch immer nicht ganz glauben, dass wir uns nicht wieder in einer anderen Art von Konzentrationslager befanden. Die Overalls waren aus grobem grauem Baumwollstoff genäht. Auf meiner frisch gewaschenen Haut fühlte er sich wie die weichste Seide an.

Pani Marina kam herüber und umarmte mich. »Siehst du?« Sie

lächelte. »Du brauchst keine Angst zu haben.« Ich schämte mich, dass ich so ein Theater gemacht hatte.

Wir saßen an einem Tisch mit einer jungen Frau, die sich im Bus mit mir unterhalten hatte. Ich wusste, dass sie keine Zehen mehr hatte. Sie waren vielleicht auf einem Marsch erfroren. Und dann waren sie ihr jedenfalls in einem dieser Experimente im Konzentrationslager vollständig amputiert worden. Sie konnte die Füße nicht mehr abrollen. Wenn sie ging, bewegte sie sich wie ein fremdartiger Vogel. Sie trug keine Schuhe. Man hatte ihr bunte gestrickte Socken zum Anziehen gegeben.

»Der Arzt hat meine Füße untersucht.« Sie lachte. »Er hat gesagt, ich würde bald wieder tanzen können.« Plötzlich sprang sie von ihrem Stuhl auf und begann sich zu drehen, versuchte herumzuwirbeln, auf ihren zehenlosen Fußstümpfen Walzer zu tanzen.

Alle die gerade geretteten sauberen Menschen saßen an Tischen und aßen mit Messern und Gabeln und Löffeln von Porzellantellern. Ich konnte mich nicht erinnern, wann ich zuletzt von einem richtigen Teller gegessen hatte.

Mein Bruder und ich hatten uns vor großen Portionen von etwas Goldenem und Duftendem niedergelassen. Es war eine Eierspeise mit Kartoffel- und Fleischstückchen darin, ein Geschmack, den ich nicht kannte, noch nie genossen hatte. Es gab Butter und Brot und Knäckebrot, mit Käse belegt.

Wie war das bloß alles möglich? Ruhige Menschen in großen weißen Schürzen gingen zwischen den Tischen herum und gossen sauberes Wasser oder richtige Vollmilch in Gläser. Milch! Wo war Niania? Warum konnte ich ihr dies alles nicht zeigen? Was ich nur tun konnte, war, meine Hand an den Hals zu legen und die Medaillons und den Rosenkranz zu betasten. Danke, danke, Heilige Mutter Gottes. Bitte lass Niania wissen, wie viel Gutes uns geschieht.

19. Kapitel

Mein Bruder und ich waren krank. Unsere Lungen waren krank. Und zwar waren sie an Tuberkulose erkrankt. Ich sah in den Spiegel, um zu prüfen, ob meine Wangen so rot waren wie die von Krysia, bevor sie starb. Aber mein Bruder und ich waren beide blass. In einem Auto wurden wir aufs Land hinausgefahren. Zu einem weißen Gebäude mit Säulen davor und mit langen Reihen von Fenstern, das auf einem Hügel stand und von Wald umgeben war. Es war ein Haus für Kranke. Ein Sanatorium. Hier hatten alle Tuberkulose. Das machte die Krankheit weniger erschreckend.

Die Menschen, die sich um uns kümmerten, waren weiterhin alle freundlich. Auch wenn wir nicht verstanden, was sie sagten, klangen die Worte in dieser fremden Sprache immer tröstlich und beruhigend. Ich hatte wirklich angefangen zu glauben, dass uns die Menschen, die uns betreuten, nicht töten oder verletzen würden, weil wir Juden waren.

Ich wurde in einen Raum mit Reihen von weißen Betten gebracht. Ich zog meinen Pullover und den Overall aus und den gelben Schlafanzug an, der auf dem sauberen, frisch gemachten Bett bereitlag. Die Strickmütze behielt ich auf dem Kopf, als ich ins Bett stieg. In all den anderen Betten saßen Mädchen. Alle hatten Haare auf dem Kopf. Anfangs sagten sie nichts. Sie starrten mich nur an. Dann begannen sie miteinander zu flüstern und zu kichern. Ich fühlte mich wohl. Ich hatte ganz viel zu essen bekommen. Ich war sauber. Und plötzlich wurde ich doch wieder misstrauisch. Was hatten sie mit meinem Bruder gemacht? Soweit ich verstanden hatte, war er in eine andere Abteilung mit kranken Jungen gebracht worden. Aber wo das war, wusste ich nicht. Mir fiel der Junge ein, der in jener Nacht in Płaszów erschossen worden war. Dessen Mutter meinen Bruder vorgezerrt und die Nazis angeschrien hatte: »Warum habt ihr den nicht genommen? Seht ihn euch an! Er ist so viel kleiner!«

Ich drehte den Rosenkranz in meinen Händen und begann wie verrückt laut zu beten, polnisch und lateinisch. All die kleinen Mädchen hörten auf zu kichern und zu flüstern. Wahrscheinlich waren sie erschrocken. Sie klingelten nach der Schwester. Ich versuchte es mit den wenigen deutschen Wörtern, die ich kannte, und schrie wieder und wieder: *»Bruder, wo ist mein Bruder?«*

Die Schwester verstand und nahm mich mit die Treppe hinauf zu einem Krankensaal ein Stockwerk über unserem. Mein Bruder kam aus einem Raum und stand an der Tür. Er wirkte verlegen. Er hatte einen blauen Schlafanzug an. Er war ein Junge.

»Ich verstehe nicht, was sie sagen«, sagte ich.

»Hab keine Angst«, sagte er. »Alles ist so schön hier, Hanka.« Er sah zufrieden und ruhig und sauber aus. Gar nicht krank. »Sie geben uns so viel Milch und Butter. Hab keine Angst.« Vielleicht war mein Bruder froh, dass er endlich ein Junge sein durfte. Dass er in einem Raum mit anderen kleinen Jungen sein konnte.

Als ich sicher war, dass es meinem Bruder gut ging und er nicht weit weggebracht worden war, konnte ich mich auch in die Sicherheit dieses Ortes einfügen.

Neben all meiner übrigen Fremdartigkeit hatte ich meine Krankheit aus dem Krieg und dem Konzentrationslager mitgebracht. Die anderen kleinen Mädchen waren nur krank. Sie waren zu Hause krank geworden. Ich glaube nicht, dass sie das Gefühl hatten, sie würden für etwas bestraft. Die meisten von ihnen waren blond. Sie hatten sich frei für ihre langen oder kurzen Haare entschieden. Mein dunkles Haar war mir gegen meinen Willen geschoren worden. Jetzt schien die Gefahr vorbei zu sein und die Stoppeln hatten überall auf meinem Kopf wieder zu sprießen begonnen, trotzdem kam ich mir selbst noch suspekt vor. Irgendwann, irgendwo musste ich etwas falsch gemacht haben. Ich war keine schmutzige Jüdin mehr. Aber unter diesen netten Menschen in diesem erfreulichen Zwischenreich war ich doch immer noch eine sprachlose Waise.

Die Krankenschwestern wurden mit »Schwester« angeredet, wie die Nonnen, auch wenn sie nicht deren Ordenskleider trugen. Die Benediktinerinnen waren gute Schwestern gewesen. Sie waren mit den gerafften Röcken ihrer braunen Tracht herumgeeilt und hatten mit aufgekrempelten Ärmeln hart gearbeitet. Sie hatten es nicht verhindern können, dass die Nazis in ihrem Laster mit Plane uns Niania wegnahmen. Wie eine hilflose Schar von Rebhühnern waren sie herumgeflattert. Die Schwestern in dem schwedischen Sanatorium trugen weißblau gestreifte Kleider mit Faltenröcken und langen Ärmeln mit Manschetten. Ihre weißen Schürzen hatten breite Träger, die sich auf dem Rücken kreuzten und in der Taille angeknöpft waren. Es ging viel Trost und Behaglichkeit aus von dem Geruch nach Wäsche und Stärke in ihren Kleidern, von der vernünftigen, ruhigen Art, wie sie ihre tägliche Arbeit verrichteten. Ich mochte die unscheinbare Schwester Anna und die zartere Schwester Svea besonders. Beide trugen die Haare in festen Knoten unter ihren gestärkten Häubchen.

Es gab noch andere Frauen dort, die keine Krankenschwestern waren. Sie trugen keine Häubchen. Sie brachten das Essen auf Tabletts. Einmal am Tag erschienen sie mit Mopp und Eimer, um den Fußboden mit verdünnter Milch aufzuwischen. Diesen Teil der Putzerei verstand ich zunächst gar nicht. Die Milch musste wohl den Linoleumboden besonders blank machen. Sie bewegten sich alle leise auf Schuhen mit Gummisohlen, wie ein Chor von himmlischen Helfern ohne Flügel.

Jeden Abend kamen Schwester Anna oder Schwester Svea herein, um *god natt* zu sagen. Decken und Kissen wurden zurechtgezupft. Jede von uns wurde umarmt, bevor die Lichter in dem Krankensaal für die Nacht ausgeschaltet wurden.

Wir sollten alles aufessen, was wir auf dem Teller hatten. Die weniger hungrigen kleinen Mädchen, deren Krankheit sie in dieses Sanatorium gezwungen hatte, die sich nach ihrem Heim und ihrer Familie sehnten, waren mäkelig mit dem, was ihnen schmeckte oder nicht schmeckte. Sie merkten bald, dass dieser sprachlose Affe mit den Stoppelhaaren ein prima Abfalleimer war. Sie brachten mir ihre Teller. Ich aß alles auf, was die anderen in meinem Saal nicht wollten. Innerhalb von sechs Monaten war ich ein dickes kleines Mädchen.

Gute Ernährung, das hatte ich begriffen, war gut gegen Tuberkulose. Die arme Krysia hätte da sein sollen. Wir wären beide durch die schwedischen Schwestern und das schwedische Essen geheilt worden. Und ich hätte jemanden gehabt, mit dem ich reden konnte, während wir gesund wurden.

Es gab so viel zu essen. Seltsam körniges Brot, das ich noch nie gegessen hatte. Und dunkles Brot, das einen süßen Geschmack auf der Zunge hinterließ, lange, nachdem der Bissen hinuntergeschluckt war. Und Butter! Wie lange hatte ich diese fette, glatte, üppige Süße nicht geschmeckt. Gehaltvolle Eierspeisen und Käse und Fisch in Sahnesoße, die mein später wohlgenährtes Ich dann nicht mehr mochte. Und Kuchen, Kuchen! Braune duftende Kuchen, helle gezuckerte Plätzchen. Als ich endlich Bücher zu lesen begann, fand ich solche Genüsse nur noch in Märchen beschrieben.

Es waren die Namen der Speisen, die dreimal täglich und dazu noch nachmittags angeboten wurden, welche die ersten Wörter in meinem Wortschatz bildeten: *knäckebröd, pytt i panna, lutfisk, skinka, sockerkaka.* Die Wörter schmeckten, wenn sie mir von der Zunge kamen, so gut wie die Speisen, die ich mir in den Mund schob. Belegte Brote mit Käse oder Wurstscheiben und Gürkchen hießen *smörgåsar.* (*Smörgåsbord* heißt ein Tisch voller Häppchen und Köstlichkeiten, ein ausgesuchtes Büfett, ein kulinarisches Fest.)

Anfangs musste ich viel im Bett liegen und stand nur auf, um zur Toilette zu gehen und mich im Waschraum am Ende des Gangs zu waschen. Ich weiß nicht, wie schnell ich mich an den Luxus eines Klos mit Wasserspülung und an ein richtiges Waschbecken und an die frischen Handtücher gewöhnt hatte. Ich hatte keine Läuse mehr in meinen Stoppelhaaren, keine Läuse im Saum meines Schlafanzugs. Die Bettwäsche in meinem Bett war weiß und sauber. Es gab ein Federbett und weiche Kissen. Es waren märchenhafte Wonnen nach den dreckigen Pritschen mit so wenig Stroh und Rupfen. Seit Jahren hatten mein Körper, meine Haut so angenehme Umhüllungen nicht gefühlt.

Als ich dann für kurze Zeitabschnitte nach draußen durfte, lag ich auf einer Liege auf einer Veranda und schaute in blaue Himmel und lauschte auf den Wind, der durch die Bäume streifte. Die Schwestern brachten Fleischbrühe und Kakao. Wir schliefen. Wir atmeten die klare, reine Luft des Nordens. In der Welt, aus der ich gerade gekommen war, hatte es keine leuchtenden Farben und keinen frischen Wind mehr gegeben. Wie war es möglich, dass ich so kurze Zeit, nachdem ich in Schmutz und Angst versucht hatte, in einem Konzentrationslager von dünner Kohlsuppe zu überleben, mich jetzt an einem Ort befand, wo die Menschen noch Milch genug hatten, um damit die Fußböden zu wischen? Ich lag in Schichten von Behaglichkeit gehüllt, wohlgenährt und wohl versorgt. Noch später, als ich mit anderen Patienten zusammen Spaziergänge in den Wald oder über grüne Rasenhänge machen konnte, sah ich, dass das Sanatorium völlig isoliert lag. Ich gelangte nie in irgendein Dorf oder eine Stadt, die in der Nähe gelegen haben könnten. Ich vermisste nichts. Wenn das Krankheit war, wollte ich gern immer weiter krank sein.

An Sonntagen gab es Religionsunterricht, den Schwester Svea erteilte. Wir saßen in unseren Betten und lauschten auf die Lesung des jeweiligen Sonntags. Meine Medaillons hatte ich um den Hals wie immer. Niemand versuchte sie mir wegzunehmen. Aber ich betete nicht mehr laut auf Polnisch. Schwedische Wörter wurden zunehmend vertraut, wurden meine Freunde. Die Geschichten aus dem Neuen Testament hörte ich zu gern. In unserem Krankensaal gab es eine kleine Orgel, die vier Oktaven umfasste. Die Bälge wurden mit dem Fuß getreten. Das tat Schwester Anna. Lieder zu singen mit Worten, die von der Musik getragen wurden, war leichter, als zusammenhängende Sätze zu bilden. Mit den anderen Mädchen zusammen zu singen war bald gar nicht mehr schwer.

Die Schweden waren Protestanten. Ich merkte bald, dass Martin Luther wichtiger war als die Heilige Mutter Gottes. Was hätte Niania von einem Christentum gehalten, das nicht die Gottesmutter und all die Heiligen verehrte? Wo war Niania? Wo war Mutter? Und Vater? Wo war er? Sechs Jahre war es her, seit er fortgegangen war.

Die einzigen hübschen Dinge, die ich je mit den Händen hergestellt hatte, waren Kränze aus den Blumen gewesen, die ich auf den Wiesen Polens gepflückt hatte. Im Sanatorium gab es Lehrerinnen, die uns beibrachten, wie man mit Strick- und Häkelnadeln umgeht. Eifrig richtete ich mich nach dem Muster, zählte Maschen und hielt das Garn um den Zeigefinger meiner linken Hand gelegt. Ich liebte es, wenn das Gewicht der Strickerei zunahm, wuchs, mehr wurde. Mit einem Seidenfaden häkelte ich Deckchen auf runden Nadeln. Sorgfältig zog ich Fäden aus viereckigen Leinentüchern und befestigte die Fransen mit Hohlsaum oder säumte sie mit feinen, kleinen Stichen. Ich genoss es, wenn die Nähnadel das Stück Stoff an genau der Stelle durchbohrte, an die meine Hand sie geführt hatte. Ich lernte Teeservietten mit Blumenmustern aus Kreuzstich oder Kettenstich zu besticken. Ich sah zu gern, wie die Blumen auf dem Tuch wuchsen, so wie ich das Gewicht von Beeren in einem Becher oder das Wachsen des Straußes von Wiesenblumen in meinen Armen gern gehabt hatte.

Schwester Svea hatte mir ein in weißes Leder gebundenes Neues Testament geschenkt. Oben am Rückenbund waren ein weißes und ein gelbes Band befestigt, die als Lesezeichen benutzt werden sollten. Bevor ich in der Lage war, Schwedisch zu lesen, blätterte ich gern in den Seiten, die eine Seidenpapierstruktur hatten. Auf dem Einband war ein glänzendes Bild von Christus, umgeben von Kindern. Ich drehte das Buch in den Händen. Es fühlte sich so angenehm an.

Es gab eine kleine Leihbücherei im Sanatorium. Auch Bücher für Kinder waren da, illustrierte Geschichten über die Abenteuer eines vornehmen Katers, der sein Leben lang von ungehobelten Katern verhöhnt wurde, weil ihm, als er klein war, eine große Ratte den Schwanz abgebissen hatte. Den Sinn dieser kindlichen Geschichten zu verstehen war nicht schwer. Ich liebte sie wirklich. Aber ich war fast zwölf Jahre alt. Allmählich vergaß ich die Schmach mit meinen Haaren. Es wuchs. Ich wollte den Mädchen keine neuen Gründe liefern mich auszulachen.

Ich suchte mir ein großes Buch aus. Ich las es, ich blätterte Seite auf Seite um. Die Wörter meiner neuen Sprache waren wie schla-

Mit meinen Gefährtinnen aus dem Krankensaal des Sanatoriums in Schweden. Ich stehe in der hinteren Reihe in der Mitte. Das blonde Mädchen in der ersten Reihe ganz links, das den Kopf wendet, ist meine Freundin Brita. 1946

Im Jugendlager. Wir tragen unsere polnischen Pfadfinderuniformen. Ich bin die Dritte von links. Frühling 1947

In meinem neuen Matrosenkleid, den neuen Kniestrümpfen und Sandalen, mit meinen Eltern und einer Mitbewohnerin aus der Pension. Wir stehen vor dem Parlamentsgebäude in Stockholm. 1947

Mutter, Vater, dieselbe Freundin aus der Pension und ich bei einem unserer Sonntagsspaziergänge an der Hafenpromenade im Sommer 1947. Im Hintergrund der Turm des Stockholmer Rathauses.

Weitere Bilder von einem Sommersonntag in Stockholm. 1947

Ich, mit Schleifen im Haar
wie immer.

Mit meinem Vater auf einer Parkbank.

Mit Mutter und Vater.

Einige der Bewohner in *Fröken* Löwengårds Pension. Mutter ist die Dritte von links. 1947

Ein Ausflug mit der Klasse am Ende meines ersten richtigen Schuljahrs. Ich bin die Zweite von links in der zweiten Reihe. Meine Lehrerin steht ganz rechts, hinter der zweiten Reihe von Mädchen. Stockholm 1948

In einem Fotostudio mit meinem Bruder, etwa zur Zeit seiner Bar Mizwa. Stockholm 1949

Im Garten des Hauses, in dem wir im Frühling nach Nianias Tod wohnten. Ich hatte Bluse und Rock in der Handarbeitsstunde selbst genäht. In einem Vorort von Stockholm. 1950

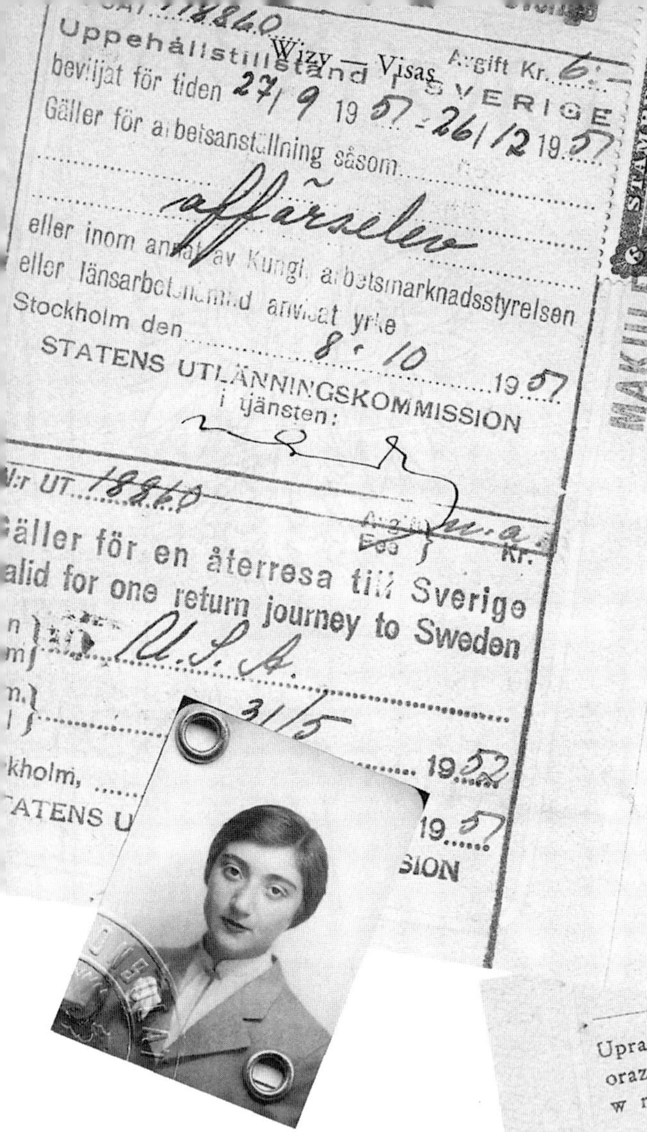
Uppehållstillstånd i Sverige — Wizy — Visas Avgift Kr. 6:-
beviljat för tiden 27/9 1951 - 26/12 1951
Gäller för arbetsanställning såsom
affärselev
eller inom annat av Kungl. arbetsmarknadsstyrelsen
eller länsarbetsnämnd anvisat yrke
Stockholm den 8/10 1951
STATENS UTLÄNNINGSKOMMISSION
i tjänsten:
Nr UT 18860
Gäller för en återresa till Sverige
Valid for one return journey to Sweden
U.S.A.
31/5 1952
Stockholm, 1951
STATENS U
SION

STÄMPEL SEX KRONOR KR.
MAKULERAS den 10 AUG STATENS UTLÄNNINGSKOMMISSION
Wizy
Oförhindrad at
före den 5/1
Statens Utlänningskom
Non quota
Polish Quota
Immigration
No. 1388
dated October
issued to Anieta
American Consul
at Stockholm, Sweden
Uppvisat
avresa
28 DEC 195
Uprasza się wszystkie
oraz poleca się wszystkim
w razie potrzeby pomoc i opiekę
mienionej ...... w paszporcie.
Les Autorités des Etats étrangers sont prié
Autorités polonaises sont requises de prête
teur aide et assistance en cas de beso
Termin ważności paszportu końc
z dniem:
Ce passeport expire le:
10 grudnia decembre 195
o ile nie będzie wznowio
à moins de renouvellem
KONSULAT POLSKI
Pieczęć
Sepah
Stockholm
Kierow

Vorbereitungen zur Emigration als *Affärselev* (Kaufmännischer Lehrling). Das Foto wurde für den Pass aufgenommen, den mir das polnische Konsulat in Stockholm ausstellte. 1951 fende Schönheiten, wie lauter Dornröschen, gefangen hinter Dornenhecken und Gestrüpp. Nach und nach fingen sie an sich zu zeigen, lösten sich aus dem stachligen Unterholz. Sie warfen das Moos ab. Langsam begannen die Wörter auf einer Seite zusammenzuarbeiten, Verbindung aufzunehmen. Manchmal war es quälend. Wenn ich ein Wort nicht verstand, und das war häufig der Fall, gab das nächste einen Hinweis und ich konnte raten und entziffern, was der Sinn des Satzes sein mochte. Das Rätsel der Geschichte und das Rätsel der Sprache begannen sich mir zu öffnen, gestatteten mir, ihre Geheimnisse zu entdecken. Das erste richtige Buch, das ich las, war ein dicker Band, ein Drama aus Religion und Romanze. Ich las Seite um Seite und war gepackt von der Handlung. Es war das Buch *The Robe* (Das Gewand des Erlösers). *Roman. Översatt från engelskan.* (Roman. Übersetzt aus dem Englischen.)

20. Kapitel

Ich war etwa ein Jahr in dem Sanatorium gewesen. So lange war der Krieg vorbei. Eines Nachmittags geschah etwas, das mein Leben unvermutet in eine neue Richtung lenkte. Schwester Svea kam mit einem Mann in unseren Saal, der einen dunklen Anzug und einen Hut trug. Unter dem Arm hatte er eine dicke Aktentasche. Er nahm seinen schwarzen Hut nicht ab, als er eintrat. Er lächelte, ging auf mein Bett zu und begrüßte mich auf Polnisch. Ich sprach inzwischen gut genug Schwedisch, um mit meinen Zimmergenossinnen zu schwatzen. Selbst mit meinem Bruder hatte ich Schwedisch zu sprechen begonnen. Beim Eintreten dieses dunklen Mannes hatte ich das Gefühl, dass der Kreis, in dem ich mich hatte halten können, zerfiel. Ich fühlte mich von etwas Trübem und Dunklem bedroht, das mich aus dem farbenfrohen Leben, das ich jetzt lebte, zurückforderte. Mit dem plötzlichen Auftauchen dieses Mannes war ich von meinen neuen Freundinnen in den anderen Betten sofort abgeschnitten. Von den schwedischen Schwestern in ihren gestärkten Schürzen. Von dem angenehmen, verschlafenen, problemlosen und wohlgenährten Leben, in das mich das Schicksal so wunderbarerweise geworfen hatte.

Ich wollte nichts anderes als dieses Sanatorium. Ich wusste, dass ich krank war, aber ich kam mir nicht krank vor. Ich hatte mich noch nie so wohl gefühlt. Wieso sollte das gefährlich sein oder Krankheit genannt werden? Einmal pro Woche wurde mir Blut aus der Vene im Arm abgenommen, und einmal pro Monat wurde ein Röntgenbild von der Lunge gemacht. Es war Routine. Medikamente musste ich nicht nehmen.

Ich hatte keine Angst. Seit ich in dieses Sanatorium gekommen war, war niemand, Füße und Nase zur Decke gereckt, in einem Bett in meiner Nähe gestorben. Die Schwestern schenkten mir farbige Seidenbänder, die ich mir um den Kopf binden konnte. Meine Haare wuchsen.

»Ich hab dir ein paar Büchlein mitgebracht, die du haben solltest«, erklärte der dunkle Mann vertraulich auf Polnisch. »Jüdische Bücher.« Er legte mir illustrierte Heftchen aufs Bett. Nicht unähnlich denen, die wir in der Religionsstunde benutzten, die Schwester Svea sonntags hielt.

Ich sah ihm in das lächelnde Gesicht. Ein jüdisches Gesicht mit schweren Lidern und einer großen Nase wollte mich mit jüdischen Geschenken in Versuchung führen. Ich war böse, böse!

»Gehen Sie weg!«, schrie ich auf Polnisch. »Ich will die Sachen nicht! Gehen Sie weg!«

Der Mann war erschrocken. Schwester Svea versuchte mich zu beruhigen. »Das sind jüdische Geschichten für dich!«

»Ich brauche keine jüdischen Geschichten«, rief ich auf Schwedisch. »Ich bin Christin.« Ich warf die milden Gaben von meinem Bett auf den Fußboden. »Nehmen Sie die Sachen hier weg!«

Verwirrt bückte sich der Mann. Er sammelte die Traktätchen und Bilder schnell auf und steckte sie wieder in seine Aktentasche. Er sagte etwas zu mir. Ich wusste, dass er nett zu sein versuchte. Ich hörte nicht zu. Ich traute ihm nicht. Ich kreischte »Gehen Sie! Gehen Sie weg!«, wieder und wieder. Flüsternd nahm Schwester Svea den Mann am Arm und führte ihn hinaus.

Meine Zimmergenossinnen sahen mich an wie an jenem ersten Tag, als ich in diesen Raum gekommen war. Ich versteckte mein Gesicht im Kissen und weinte. Ich schämte mich ja so. Mir fiel ein, wie Niania dem Chassiden auf unserem Balkon misstraut hatte. Wie hatte mich dieser Jude hier gefunden? Wieso wagte er mich zu besuchen? Ich lebte in einer unverdorbenen Umgebung bei freundlichen, ruhigen Menschen, die eine schöne Sprache sprachen, die eben auch die meine wurde. Ich hatte jene Jahre der Finsternis und Furcht weit hinter mir gelassen. Ich wollte nicht auf die alte Spule zurückgewickelt werden.

Als ich mich beruhigt hatte und das Gesicht aus dem Kissen hob, entdeckte ich ein Stück Papier mit etwas Geschriebenem auf meinem Nachttisch. Das hat der Mann dahin gelegt, dachte ich ärgerlich; er will mich nicht in Ruhe lassen! Ich wollte das Stück Papier zerreißen und wegwerfen. Aber vorher las ich, was er da – auf Schwedisch – geschrieben hatte: »Bitte die Schwester, an diese Leute zu schreiben. Sie werden versuchen, Verwandte in Polen für dich ausfindig zu machen.« Darunter stand der Name einer Gesellschaft und eine Adresse in Stockholm. Die Namen der Leute von der Agentur waren schwedisch.

Ich konnte mich nicht erinnern, jemals jemandem einen Brief geschrieben zu haben. Ich wollte aber auch nicht Schwester Svea oder sonst jemanden um Hilfe bitten. Ich wollte selbst an diese Menschen schreiben. Briefpapier bekam ich von einem der anderen Mädchen. Sie schrieben immer Briefe nach Hause. Ich schrieb meinen Brief auf Schwedisch. Ich achtete sorgfältig auf meine Rechtschreibung, als ich erklärte, wie mein Bruder und ich gerettet worden waren und wo wir uns zurzeit befanden. Und ich schrieb, wie wir Niania zum letzten Mal bei der Razzia im Kloster der Benediktinerinnen gesehen hatten. Auch die Adresse des Klosters in Krakau gab ich an. Ich bat Schwester Anna, den Brief für mich abzuschicken. Sie schaute mich überrascht an, nahm den Brief aber entgegen. Sie versprach eine Briefmarke draufzukleben und ihn einzuwerfen.

Nicht lange danach gab mir eine erstaunte Schwester Svea einen Brief mit einer polnischen Marke auf dem Umschlag. Ich erkannte die Handschrift meiner Mutter.

»Ihr Lieben, ihr Liebsten! Wir konnten es kaum glauben. Wir konnten es nicht glauben. Niania und ich haben auf der Straße getanzt und geweint und gesungen: ›Die Kinder leben ... Die Kinder leben!‹ Gott sei Dank, Gott sei Dank!«, stand in der sauberen Schrift meiner Mutter auf einem der dünnen Briefbögen. Ein zweiter Bogen war von Niania. *»Ich küsse euch beide. Ich küsse eure süßen Augenbrauen. Ich küsse eure kleinen Füße.* Matka Boska *sei auf ewig Dank, sie sei auf ewig gepriesen.«* Niania schrieb, sie habe keine Schwierigkeiten gehabt, meine Mutter mit zur Messe zu nehmen. Sie waren in die *Kościoł Mariacki* gegangen. Sie hatten miteinander Kerzen angezündet. Die Worte der Freude nahmen kein Ende. Die beiden Bögen waren sorgfältig gefaltet, aber einige Wörter waren leicht verschmiert, als ob Tränen darauf gefallen wären, bevor der Brief abgeschickt wurde.

Ich rannte zu Schwester Svea und wedelte mit den Papieren. »Ein Brief von meiner Niania und von Mutter!«, rief ich. »Bitte, holen Sie meinen Bruder!« Andere Schwestern und Helfer strömten herbei. Ich weiß, sie glaubten, dass diesmal ihr Flüchtlingsmädchen wirklich verrückt geworden war. Die Mädchen aus meinem Raum, selbst die, die gar nicht aufstehen durften, waren auf den Gang herausgekommen. Mein Bruder wurde aus seinem Saal geholt. Wir saßen auf Stühlen in Schwester Sveas Büro und lasen beide die Briefe wieder und wieder. Dann übersetzten wir zwischen Weinen und Verwirrung die polnischen Wörter ins Schwedische.

Ich vermute, dass niemand das alles wirklich glaubte, bis einige Tage später ein Brief von der Agentur in Stockholm eintraf mit der offiziellen Mitteilung, dass die Mutter und das Kindermädchen der zwei Kinder, die sich zurzeit zur Erholung in der Obhut des Sanatoriums befänden, gefunden seien.

An unserem Dasein änderte sich nichts. Wir waren dieselben Kinder, dieselben Patienten, die nach der gleichen täglichen Routine wie vorher lebten. Aber wir waren nun keine Waisen mehr. Mein Bruder und ich schrieben Briefe. Aus Krakau kamen Briefe zurück. Niania und Mutter teilten sich jetzt eine kleine Wohnung, die sie gefunden hatten. Mutter hatte irgendeine Arbeit in einem Büro. In einem der Briefe war ein Foto von Mutter und Niania. Sie gingen eine winterliche Straße hinunter in Schuhen mit Sohlen aus Holz. Schuhe mit Ledersohlen waren nach dem Krieg nicht zu bekommen, erzählte Mutter in dem Brief.

Ich nahm alles hin, ohne recht zu wissen, wie ich mich selbst zu etwas jenseits meines gegenwärtigen Lebens im Sanatorium stellen sollte. Ich sprach Schwedisch. Ich las Bücher. Ich sang Lieder. Ich schaute mir in dem großen Gemeinschaftsraum im Erdgeschoss Filme an. Einmal kam ein Mann und hielt einen Vortrag über das Sammeln von Briefmarken. Es war wahrscheinlich langweilig, aber ich mochte die Art, wie er sprach und Geschichten von den verschiedenen Marken erzählte, die säuberlich in durchsichtigen Folien in Ordnern steckten. Ein anderes Mal hatte die Belegschaft eine Talentschau organisiert. Eine Schwester spielte einen Walzer auf dem Klavier und eine andere tanzte klassisches Ballett. Sie lehnte sich vor, balancierte auf den Zehen eines Fußes, hatte die Arme nach vorn und das andere Bein nach hinten gestreckt. Das nannte man eine Arabeske. Ich war aufgefordert worden, ein Lied zu singen, das ich gelernt hatte. Als ich all die Menschen sah, die da auf den Stühlen im Zuschauerraum saßen, geriet ich so in Panik, dass ich nicht dazu imstande war. Ich verließ das Podium einfach, knickste, entschuldigte mich und rannte aus dem Saal.

Ich hatte Freundschaften geschlossen; Brita, die das Bett neben meinem hatte, war meine besondere Freundin. Abends, wenn das Licht ausgeschaltet war, unterhielten wir uns flüsternd weiter. »Ich möchte Krankenschwester werden«, sagte Brita. Als sie gesund war, kamen eines Sonntagmorgens ihr Vater und ihr älterer Bruder und holten sie ab. Ein neues Mädchen, das wirklich sehr krank war, kam in Britas Bett. Ich vermisste meine Freundin. Aber ich wollte nicht, dass sich etwas änderte. Ich fühlte mich nicht krank, also fand ich es auch nicht notwendig, gesund zu werden. Und ich wollte nicht weg. Es kam mir gar nicht in den Sinn, dass mein Bruder und ich jemals würden gehen müssen, wenn wir das nicht wollten. Ich war glücklich.

Dann geschah wieder etwas. Ein Brief von Vater kam. Er war nach Krakau zurückgekehrt. Er war während des ganzen Krieges in der Sowjetunion gewesen. Die Russen hatten ihn gefasst, als er damals in der Nacht, vor langer Zeit, auf der Flucht vor den Nazis Krakau verlassen hatte. Zuerst war er in einem russischen Lager gewesen. Dann hatten sie ihn gehen lassen. Er hatte in Samarkand gelebt. Dort hatte er einen kleinen Stand auf dem Markt gehabt und Kram aller Art verkauft, Spielzeug, Mützen, Schmuck, Zigaretten. Jetzt war der Krieg vorbei. Man hatte Vater zusammen mit vielen anderen früheren polnischen Gefangenen erlaubt oder vielleicht sie gezwungen heimzukehren. Das habe ich nie herausbekommen.

»Droga, kochana, córeczko!« (Liebes, geliebtes Töchterchen!), begann sein erster Brief an mich. Er war voller blumiger Worte, als ob er nach sieben Jahren der Kinderlosigkeit erst mal mit Worten auf Papier ausprobieren müsste, wie es war, Vater zu sein. Natürlich hatte er keine Ahnung, was mein Bruder und ich alles während der

langen Jahre des Krieges erlebt hatten. Tatuś. Er war für mich nur noch ein Wort. Ein altes Wort. Eine Erinnerung. Im nächsten Brief schickte er ein Foto von sich mit, so ein kleines, wie man es gestempelt im Personalausweis hatte. Auf diesem Bild sah er genau wie mein Vater aus.

Ständig kamen liebevolle, freudige Briefe von dem Trio aus Krakau. Alles war viel versprechend und interessant. Aber nichts bereitete mich darauf vor, dass ich mein Leben im Sanatorium plötzlich würde aufgeben müssen.

21. Kapitel

Herr Nillson, der mein Köfferchen trug, und ich stiegen aus dem Zug. Um drei Uhr nachmittags war es dunkel. Aber das war einzusehen, denn es war die dunkle Zeit des Jahres. Vor dem Bahnhof rasselten Straßenbahnen und ein paar Autos flitzten vorbei. Die Straße war verstopft von dick vermummten Radfahrern.

Meine Nase kribbelte in der eisigen Luft und genoss den derben, gehaltvollen Geruch nach Benzin und die Düfte aus den Restaurants. Als ich mit diesem netten Mann durch hell erleuchtete Straßen ging, die mir völlig unbekannt waren, war ich endlich wieder umgeben von den hektischen Geräuschen einer Großstadt. Mir fiel ein, dass ich, seit ich ganz klein gewesen war, immer gern ein Stadtkind gewesen war. Unter den vielen Dingen, deren mich die Nazis beraubt hatten, war auch das: in der Großstadt leben zu können.

Und da, ganz oben auf einem Stockholmer Gebäude, war eine Suchard-Werbung. Genau wie die in Krakau! Sie ging an und aus in dieser Stadt, die ich zum ersten Mal sah. Stockholm in Schweden. Suchard. Sieben Jahre lang war ich nicht auf einer Straße gegangen, die tägliches Leben atmete und auf der Neonreklame blinkte. Die Erinnerung an Gerüche und Geräusche, die mir entrissen worden war, stürzte auf mich ein. Ich dachte an die Tage vor dem Krieg, als mein Vater meine Hand in seiner gehalten hatte und wir durch die Straßen von Krakau gewandert waren. »Sieh mal, Hanusiu!« Wir hatten oft zu der Reklame für Suchard-Schokolade hinaufgesehen, die oben auf einem großen Gebäude aufleuchtete. Mein Vater war Besitzer einer kleinen einheimischen Schokoladenfabrik gewesen. Aber Schweizer Schokolade war die beste. »Ich möchte, dass die Schokolade, die ich verkaufe, so gut ist wie die von Suchard«, hatte mein Vater gesagt. »Du wirst eine feine Schule in der Schweiz besuchen.« Auch das hatte mein Vater oft gesagt. Es lag ja nahe, dass mein Vater mich an einem so feinen Ort zur Schule gehen lassen wollte. Dem Ort, an dem die beste Schokolade hergestellt wurde.

Herr Nillson hatte meinen Arm unter seinen genommen. Auf meiner rechten Seite spürte ich die Wärme und Unterstützung seines Körpers. Das Funkeln Stockholms hüllte uns ein. Ich ging mit einem fremden Mann, einem netten Mann, der blanke Schuhe trug und gut roch. Ich war kein vierjähriges kleines Mädchen mehr. Auf dieser belebten Straße in dieser Großstadt, in der ich noch nie gewesen war, war ich eine andere Person. Ich war dem Tod durch deutsche Soldaten entronnen. Ich war in einem Sanatorium geheilt worden. Ich war nicht mehr krank. Ich hatte überlebt. Und doch, einen Augenblick lang fühlte ich mich beinahe, beinahe wie ein kleines Mädchen, wie eine Tochter, die einfach mit ihrem Vater nach Hause geht.

»Du sprichst Schwedisch wie eine einheimische *skånska*!«, hatte Herr Nillson gelacht, als wir uns trafen. Er fand es merkwürdig, dieses dunkelhaarige fremde Mädchen in der rustikalen Sprache mit den verschliffenen Endungen sprechen zu hören, wie sie in Schonen, im bäuerlichen Süden Schwedens, gesprochen wird. Fast zwei Jahre lang hatte ich das Sanatorium und seine unmittelbare Umgebung nicht verlassen. Herr Nillson war der erste Mensch von außerhalb, mit dem ich meine neu erworbene Sprache gesprochen hatte.

Man hatte mir erklärt, dass ich meine Krankheit überwunden hätte. Ich könnte nicht mehr in einem Haus für Kranke bleiben. Als Herr Nillson ins Sanatorium kam, um mich abzuholen, musste ich einfach akzeptieren, dass ich allein mit ihm gehen würde. Mein Bruder war noch krank. Er hat Glück, dachte ich, er darf noch eine Weile im Sanatorium bleiben.

Herr Nillson brachte mich zu einem Asyl für polnische Flüchtlingskinder. »Du wirst bestimmt gern wieder mit Leuten aus deinem Land zusammen sein«, sagte er. Er muss sofort gespürt haben, dass er mich damit nicht beruhigt hatte. »Es ist ein prima Ort«, sagte er ruhig. »Du wirst schon sehen. Und es ist auch nur vorübergehend«, setzte er hinzu. »Hab keine Angst.«

Die Fahrt nach Stockholm hatte mehrere Stunden gedauert. Die Wiederherstellung meiner Gesundheit bewirkte, dass ich in ein nicht gewolltes Exil geschickt wurde, aber die Reise fühlte sich nicht wie Deportation oder wie Flucht an. Ich genoss es, in einem Zug mit gepolsterten Sitzen durch sauber geputzte Scheiben die Winterlandschaft vorübereilen zu sehen. In der Kälte eines Januars in Schweden war es unmöglich, dass ich den Kopf aus dem Fenster steckte und mir vom Wind Gesicht und Haare peitschen ließ. Die Haare, die jetzt schulterlang waren und endlich wieder in zwei dicke, knubbelige Zöpfe geflochten werden konnten. Sie waren immer noch zu kurz. Aber es waren keine Stoppeln aus dem Konzentrationslager mehr, deren ich mich schämen musste.

Wir gelangten in eine stille Straße abseits der Straßenbahnen und Neonlichter. In einer kleinen Aufzugskabine fuhren wir in den dritten Stock und standen dann vor einer Tür mit einem Messingschild. »A. Nillson« stand darauf. Herr Nillson klingelte. Eine hagere Frau mit einer steifen weißen Schürze über einem braunen

Kleid öffnete. Ihr Haar war zu einem festen Knoten gedreht und der Kopf war nicht von einem Schleiertuch bedeckt, aber sonst erinnerte sie mich ein bisschen an die Benediktinerinnen. Sie knickste vor Herrn Nillson. Ich knickste vor ihr. Sie nahm mein Köfferchen und meinen Mantel und Schal an sich.

»Wenn Fräulein Stina so nett sein will«, sagte Herr Nillson, »unsere junge Reisende hätte gern Tee und Butterbrote.«

Ich war zwölf Jahre alt an jenem Spätnachmittag im Januar, als ich in A. Nillsons elegante Wohnung in Stockholm, Schweden, geführt wurde. Sieben Jahre lang hatte ich – ob in Gefahr oder außer Gefahr – in Elendsquartieren oder Gemeinschaftsräumen zusammen mit vielen anderen Menschen gewohnt und geschlafen. Im Kloster. In den Baracken der Konzentrationslager. Im Sanatorium. Institutionen. Seit wir mit Niania aus Krakau geflohen waren, war ich nicht in einer Privatwohnung gewesen, wo Menschen die Tische und Stühle und Teppiche und Lampen bewusst arrangiert hatten. Wo es Personal gab.

»Du darfst dich setzen.« Herr Nillson lächelte. In dem schönen Wohnzimmer ließ ich mich vorsichtig auf der Kante eines Holzstuhls neben der Tür nieder. An den Fenstern standen Blumentöpfe mit Pflanzen. Da gab es Spitzengardinen. Mehrere Gemälde hingen an gedrehten Seidenkordeln von einer Bilderleiste herab. Auf dem Fußboden lag ein Teppich, und ich dachte an den alten Kelim in der Wohnung meiner Eltern in Krakau. Eine ganze Wand war mit Büchern zugestellt. Ich hörte Klaviermusik von irgendwo aus dem Haus.

»Nein, setz dich hierher«, sagte Herr Nillson und wies auf einen eleganten, gepolsterten Stuhl, der mit einem seidigen, blau gestreiften Stoff bezogen war.

Ich wünschte mir, ich wäre eine Puppe oder eine Marionette. Ich wünschte, dass jemand käme und meine Arme und Beine in die richtigen Winkel böge, damit ich wüsste, wie ich mich dem Sitz des wunderbaren Stuhls anständig anpassen konnte. Ich hatte einmal nachmittags im großen Saal des Sanatoriums einen Film gesehen. Er spielte in Frankreich. Da gingen oder standen die Menschen sehr anmutig in herrlichen Räumen herum. Damen in Gewändern aus Seide saßen auf Seidensofas und schlürften in kleinen Schlucken Tee aus hübschen Porzellantassen und bissen zierlich von kleinen Kuchen ab. Die Herren verneigten sich und küssten den Damen die Hand.

Ich wusste, dass mein Körper sauber war. In meinen neu nachgewachsenen Haaren gab es keine Läuse. Auch nicht in den Säumen von Rock und Bluse und Pullover, die ich aus einem soeben erst gespendeten Bündel neu bekommen hatte. Als ich mich vorsichtig auf dem Sitz niederließ, spürte ich, wie sich meine wollenen Strümpfe um die Oberschenkel zogen und die handgenähten Strumpfbänder mit den Knöpfen sich in meine Pobacken gruben. Da saß ich auf Herrn Nillsons Seidenstuhl und hatte immer noch Angst, dass ungehöriger Schmutz durchsickern könnte. In meinem Kopf hallte noch das Nazi-Gebrüll: *»Dreckige Juden! Verfluchte dreckige Juden!«*

Herr Nillson sank ganz entspannt in einen großen Polstersessel mit geschweiften Armlehnen.

Stina brachte auf einem Tablett Butterbrote mit gekochtem Schinken und Tee herein. Und Tassen und Leinenservietten. Ich biss kleine Bissen von meinem Butterbrot ab und hielt meine Teetasse so zierlich wie möglich. Ich wäre gern für immer bei Herrn Nillson geblieben.

Hinter ihm sah ich eine halb offene Tür zu einem kleinen Zimmer mit einem Bett. Herr Nillson folgte meinem Blick. »Das ist für diese Nacht dein Zimmer«, sagte er. »Morgen früh setzen wir unsere Reise fort.«

Wir schlürften Tee aus unseren Teetassen. Herr Nillson erzählte mir von seiner Arbeit mit Flüchtlingen, die nach dem Krieg nach Schweden gekommen waren. Und über die interessanten Dinge, die ich in dem polnischen Asyl und danach erwarten könnte. Als es Zeit war, ins Bett zu gehen, nahm Herr Nillson ein Buch aus dem übervollen Regal. »Das ist für dich«, sagte er. »Das darfst du behalten.«

In meinem Koffer befanden sich sorgfältig verpackt ein paar Kindergottesdiensthefchen, die bei unseren Sonntagsschulstunden im Sanatorium verschenkt worden waren. Und meine Miniaturausgabe des Neuen Testaments mit den dünnen und zarten Seiten voller wunderschöner Bilder von der Heiligen Familie, das Geschenk von Schwester Svea. Jetzt konnte ich meinen Habseligkeiten ein weiteres Buch hinzufügen. Ich dankte Herrn Nillson für den Band mit Erzählungen von Selma Lagerlöf. Der streng schauenden Stina dankte ich für die Mahlzeit. Alle sagten wir *god natt.*

Ich ging in mein eigenes Zimmer und schloss die Tür. Morgen würde ich an einen Ort fahren, um den kein Stacheldrahtzaun gezogen war. Es würde keine Nazis mit Gewehren dort geben. Es würden keine Schüsse fallen. Aber ich würde abermals in einer Einrichtung leben. Unter dem dicken weichen Federbett, den Kopf auf einem Kissen mit Spitzenkante, schlief ich über den Geschichten von Selma Lagerlöf ein.

Am Morgen brachte mir Stina in einer Kanne heißes Wasser ins Zimmer. Sie sah mich nüchtern und direkt an, lächelte aber nicht, als ich sagte: *»Tack så mycket«* (Vielen Dank). Sie goss das Wasser in die Waschschüssel, murmelte etwas und verließ das Zimmer. Ich wusch mir Hände und Gesicht. Mit dem Waschlappen wusch ich mir den Hals, wusch mich unter den Armen und zwischen den Beinen. Das hatte ich alles im Sanatorium gelernt. Zusammen mit den großen Handtüchern hatten sie uns immer noch kleine Tücher gegeben, *stjärtlappar* hießen die. Damit sollte man sich den Po waschen. Der Schlafanzug, in dem ich geschlafen hatte, wurde zusammen mit Selma Lagerlöf in den Koffer gepackt. Dann zog ich schnell die Sachen an, die ich am Tag zuvor getragen hatte.

Es war noch dunkel draußen, als wir das Haus verließen. Kalt und frisch. Wieder war die Straße voller Radfahrer. Herr Nillson hatte meinen Koffer genommen. Er hatte mir bereits gesagt, dass es nicht weit sei zur Bushaltestelle. Wie ich wünschte, dass es das wäre! Wie ich wünschte, dass die Bushaltestelle und alle Busse an eine andere Stelle des Erdballs verschwänden.

»Ein sehr guter Ort. Du wirst sehen.« Wieder zog Herr Nillson meinen Arm unter seinen. »Und nicht sehr weit weg von Stockholm.«

Ich hörte Wörter. Worte. An der Bushaltestelle fanden wir den Bus nach Kummelnäs. Ich atmete den Abgasgeruch ein, der in der Luft lag. An einem kalten grauen Januartag wurde ich wieder aus einer Großstadt mit Häusern und Neonwerbung und Straßenbahnen fortgebracht. Nur wenige Menschen stiegen in unseren Bus. Ich setzte mich neben Herrn Nillson. Ich würde nur noch kurze Zeit zu seinem eckigen Gesicht aufschauen können und die wenigen blonden Strähnen sehen, die unter seinem Hut hervorlugten. Die Tuchfühlung zum Ärmel seines Tweedmantels und sein Geruch würden bald weg sein.

Ich sah deutlich meinen Bruder in der vertrauten Umgebung des Sanatoriums vor mir. Er war immer noch an dem Ort, an dem wir beide sicher gewesen waren. Von dem Ort, zu dem ich fuhr, konnte ich mir kein Bild machen. Es hatte angefangen zu schneien. Ich dachte an die Busfahrt in der Nacht vor fast zwei Jahren. An die Flugzeuge, die Bomben regnen ließen. An unsere Benommenheit bei der Ankunft an der Küste Schwedens.

Wir fuhren durch eine schneebedeckte Landschaft mit winterlichen Bäumen ohne Laub und einer dunklen Kiefernart. Herr Nillson wies mich auf die verschiedenen Merkmale der Ferienhäuschen hin, an denen wir vorbeikamen. Einige waren aus grauen Steinen gebaut. Einige andere aus Holz, das oft in dem tiefen Rot von Strickgarn angemalt war. *Röda stugor* (rote Hütten). Ich hatte ein Lied mit diesem Titel gelernt. Vor jedem dieser Häuser stand eine Fahnenstange, aufrecht und leer.

Herr Nillson merkte, dass ich verwirrt war. »Es sind Sommerhäuser«, erklärte er. »Die Menschen aus Stockholm oder sonst woher kommen hierher, um zu angeln und zu baden und zu segeln. Im Sommer ziehen sie vor jedem Haus die schwedische Fahne in Form eines langen Wimpels auf, um zu zeigen, dass die Besitzer da und Gäste und Nachbarn willkommen sind.«

Er sprach von Dingen, die ich mir nicht richtig vorstellen oder begreifen konnte. O ja. Ich war im Sommer aufs Land gefahren. Ich erinnerte mich an die Sommer mit Niania in Łapanów mit all den eigenartigen Verwandten, bevor die Nazis kamen; es war bedrückend und erstickend gewesen. »Geh nicht auf die Weide! Du wirst nur in Kuhmist treten.« – »Die Ziegen werden dich umrennen.« – »Geh nicht an den Fluss. Sonst fällst du hinein und ertrinkst.« Und ich dachte an die Eimer voll schlammigem Wasser und winzigen toten Fischen mit weißen Bäuchen, die Niania wieder in den Fluss kippte. Ich hatte keine Ahnung, wie es sein mochte, wenn man in frischem, sauberem Wasser schwamm. Obenauf zu bleiben und nicht zu ertrinken. Nachbarn lächelnd und mit wehender Fahne willkommen zu heißen. In einem Boot zu segeln. Was war Segeln? Ein Bild in einem Buch.

Ich lächelte Herrn Nillson an und hoffte, dass mein Gesichtsausdruck eifrig genug war. Ich tat, als verstünde ich die Bilder von einer luftigen schwedischen Sommerwelt, die er in diese öde, raue

Küstenlandschaft zu malen versuchte. Ich bemühte mich, meine große Verwirrung vor ihm zu verbergen. Und mit der Verwirrung die Angst vor dem täglichen Leben, das wieder neu für mich gestaltet werden sollte.

22. Kapitel

Der Bus hielt vor einem Holzzaun mit Metallpforte. »Wir sind da.« Herr Nillson hatte mir schon gesagt, dass die Fahrt nicht lange dauern würde. Trotzdem ließ mich diese schlichte Mitteilung zusammenfahren. Fast so, wie Alarm und Gebrüll im Konzentrationslager damals meinen erschöpften Körper immer sofort zu resignierter Aufmerksamkeit wachgerüttelt hatten. Eine Frau, die direkt hinter uns saß, sah auf und lächelte mich an. Ein flüchtiges, mütterliches Lächeln. Sie musste gehört haben, was Herr Nillson zu mir gesagt hatte. Vielleicht hatte sie gemerkt, wie ich mich fühlte, und hatte Mitleid. Auf dem Schoß hielt sie eine Zeitschrift, die ich kannte. Ich hatte sie im Sanatorium oft gelesen. Über Monate hatte ich mich immer auf die wöchentliche Fortsetzung der aufregenden Geschichte von Königin Kristina im Exil gefreut.

Ich nahm meinen Koffer. Herr Nillson reichte mir die Hand beim Aussteigen aus dem Bus. Mit der anderen behandschuhten Hand gab er der Metallpforte einen kleinen Schubs. Sie öffnete sich leicht, mit quietschenden Angeln. Keine Wachen. Aber ich konnte durch kein Tor gehen, ohne an sie zu denken.

»Du wirst dich hier wohl fühlen«, versicherte mir Herr Nillson abermals. »Du wirst schon sehen.«

Gehorsam ging ich neben ihm her. Trottete, wie ich oft mit meinem Bruder und Niania über gepflügte oder aufgeweichte Äcker getrottet war. Setzte einen Fuß vor den anderen. Ich war durch Schnee und Eis getrottet, von Nazis umgeben. Nicht wissend, wozu oder wohin ich ging.

Ich hatte die Zähne zusammengebissen. Mein Gesicht nahm leicht einen Ausdruck von Verdrossenheit an. Ich wollte nicht, dass Herr Nillson merkte, dass ich ihm oder dem, was er sagte, nicht mehr traute. Warum, warum brachte er mich in Wirklichkeit hierher? Vielleicht hatte er mich die ganze Zeit nur schlau belogen. Die Großstadt lag weit hinter uns. Der Bus war fort. Nirgends hörte ich Geräusche von Menschen. Ich sah niemanden. Das ganze Anwesen konnte eine andere Art von Konzentrationslager sein. Was würde geschehen, wenn ich wegzulaufen versuchte? Die Häuschen in dieser Gegend standen um diese Jahreszeit alle leer. Das hatte mir Herr Nillson gesagt. Vielleicht war das ein schlauer Hinweis gewesen. Eine Warnung vor dem Davonlaufen. Ich könnte versuchen, die freundliche Frau zu finden, die mich im Bus angelächelt hatte. Ihr Ziel musste hier irgendwo in der Nähe dieses Ortes namens Kummelnäs sein. Aber selbst wenn ich sie fände, was dann? Ein freundliches Lächeln ist eine Sache. Eine ausländische Ausreißerin am Hals zu haben wäre eine andere.

Wir hatten das Gebäude aus grauem Stein erreicht, das abseits von den Holzhäuschen rundherum stand und bedeutender als sie aussah. Herr Nillson klopfte an die geschlossene Tür. Wir traten in einen kleinen Raum, in dem ein Mann hinter einem Schreibtisch saß. »Dies ist …« Herr Nillson stellte mich dem Mann vor, der seinen Namen mit einer Endung auf -ski nannte. Sein ernstes Gesicht versuchte sich in ein freundliches, offizielles Lächeln zu falten. Es war mehr Herrn Nillson zugedacht als mir. Das Lächeln machte die ohnehin schon dünne Mundlinie des Mannes noch dünner. Irgendwo in dem nach oben gebogenen Mundwinkel sah ich silbriges Metall glitzern. Ein Zahn. Im fahlen Winterlicht, das durch das Fenster fiel, glänzte Pan Skis hohe Stirn bis da, wo sie von einer Barriere aus dunklem Haar begrenzt wurde.

Ich brauchte keine Fragen zu beantworten. Ich hörte zu, wie Herr Nillson meine Verlegung in diese Institution abschloss. Mit jedem Augenblick wurde sein Weggehen mehr und mehr Wirklichkeit. Meine Ängste und mein Argwohn begannen zu schwinden und machten Traurigkeit und Resignation Platz. Ich sah mich in dem Büro um. An der Wand über Pan Skis Schreibtisch steckte zwischen zwei kleinen polnischen Fahnen das polnische Nationalemblem, ein weißer Adler auf rotem Grund, aus Papier ausgeschnitten. Ein Porträt des kühnen *Marszałek* Piłsudski hing in der Nähe. Die Polentümelei an diesem Ort des Exils wirkte aufgesetzt.

An einer anderen Wand hing schief ein gerahmter Öldruck von der Jungfrau mit dem Kind. Blitzartig durchfuhr das schlechte Gewissen meine Brust, als ich meine Distanz zu dem Bild spürte. Nicht weil mir unter den Polen der jüdische Teil meiner Identität wieder ausgetrieben werden würde, sondern weil ich mich in den sonntäglichen Religionsstunden im Sanatorium an das weniger hitzige Christentum der Schwedisch-Lutherischen Kirche gewöhnt hatte.

»Das ist alles ein Missverständnis«, wollte ich Herrn Nillson gern sagen hören. »Die junge Dame gehört nicht hierher. Sie möchte zurück zu den netten Schwestern mit den blauweiß gestreiften Trachten und den weißen Schürzen. Bitte sagen Sie mir, wann der nächste Bus aus Kummelnäs abfährt.« Aber das wurde nicht gesagt.

»So. Ihre Mutter und ihr Vater kommen also«, hörte ich stattdessen von dem Mann mit dem *ski*-Namen. Ich hatte noch nie jemanden Schwedisch mit polnischem Akzent sprechen hören. Als ich im Sanatorium neu gewesen war, hatte ich in meinen ersten gestotterten Bemühungen immer nur ein Wort an das andere gereiht, als zöge ich Perlen auf. Ich war begeistert über jeden zusätzlichen Brocken gewesen, der zum besseren Verständnis beitrug. Ich hatte mir nie Gedanken darüber gemacht, wie ich mich anhörte. Bevor ich »wie eine Skånska« sprach, muss ich wie Pan Ski geklungen haben.

»Ja, ja.« Amtlichkeit lag in Herrn Nillsons Stimme. »Ihre schwedischen Visa werden für Ende April erwartet.« Die beiden Funktionäre redeten weiter und klärten meine Zukunft ab. In Herrn Nillsons elegant fließende Sprache mischten sich die zischenden Konsonanten von Pan Skis hartem polnischem Akzent.

Bis zu dieser Unterhaltung zwischen dem schwedischen Herrn Nillson und dem polnischen Pan Soundso-ski hatte ich beinahe vergessen, dass – o ja – eine Mutter und ein Vater herkommen würden. O ja, sie waren gefunden worden. Von der anderen Seite der Ostsee hatte ich Briefe erhalten. O ja, ich hatte an sie geschrieben. Ja, natürlich. Alles war geregelt. Sie würden mich holen. In diesem betrüblich offiziellen kleinen Raum in einem steinernen Haus inmitten einer felsigen Küstenlandschaft konnte ich mir nicht wirklich vorstellen, dass »Mutter« und »Vater« etwas anderes waren als zwei weitere amtliche Bezeichnungen. Trotz all der glücklichen Briefe, die regelmäßig eingetroffen waren, glaubte ich nicht, dass wirkliche Menschen auftauchen und mich mitnehmen und meine Hand halten und mir einen Gutenachtkuss geben und mich zu einer Tochter machen würden.

Herr Nillson schüttelte Pan Ski die Hand und lehnte eine Einladung zum Mittagessen ab. Im nächsten Augenblick schüttelte er mir die Hand.

»Adjö«, sagte er. »*Lycka till.* (Auf Wiedersehen. Viel Glück.) Wir sehen uns bestimmt eines Tages wieder.« Das brauchte er nicht zu sagen. Er brauchte nicht so zu tun, als hätte er das Bedürfnis, mich

wieder zu sehen. Er hatte mich in seiner Wohnung aufgenommen. Er hatte mir ein Buch mit Geschichten geschenkt. Er hatte mich für ein paar Stunden vergessen lassen, dass er nur ein schwedischer Funktionär mit der Verantwortung für einen Flüchtling war. Und jetzt öffnete er die Tür.

Durch das Fenster sah ich ihm nach, wie er zu der eisernen Pforte ging, durch die wir gerade gekommen waren. Dann entschwand er meinen Blicken und war fort. Ich wollte nicht vor Pan Ski weinen, der soeben ein neues dünnlippiges Lächeln auf seinem Gesicht angebracht hatte.

»Dann komm mal mit, Hanka«, sagte er auf Polnisch.

Nachdem Herr Nillson weg war, verschwamm und verschwand der Trost meiner angenommenen schwedischen Identität schnell. Mir war, als sei ich wieder eingefangen und mit unsichtbaren Seilen erneut an Polen gefesselt worden. Ich nahm meinen kleinen Koffer auf und folgte Pan Ski zu einem der größeren Holzhäuser in der Nähe seines Büros.

Als wir in einen Saal mit langen Tischen traten, wusste ich, weshalb ich niemanden auf dem Gelände gesehen hatte. Es war Mittag. Über das Klappern des Geschirrs hinweg hörte ich Rufe und Fetzen von Unterhaltungen auf Polnisch. Polnisch. Wie lange es dieses »Asyl für polnische Jugendliche« hier gab, wusste ich nicht. Aber sicher hatten diese polnischen Kinder und Jugendlichen, lange bevor ich kam, ihre Mahlzeiten zusammen eingenommen. Und nachts hatten sie miteinander geflüstert, bevor sie eingeschlafen waren. Lange bevor ich kam, hatten sie schon Zeit gehabt, eine vertraute, behagliche Gruppe zu bilden. Bloß weil ich auch einst in Polen gelebt hatte, wurde von mir erwartet, dass ich so tat, als gehörte ich dazu.

»Dies ist Hanka.« Pan Ski hatte mich auf einen der Tische zugeschoben. »Sie wird für eine Weile bei uns bleiben.«

Während der ganzen Busfahrt an Herrn Nillsons Seite hatte ich das Gefühl gehabt, ich würde verstaut. Plötzlich mitten in diesem polnischen Lärmen als eine vorgestellt zu werden, die nur »für eine Weile bei uns bleiben« würde, machte mich zu einer Besucherin. Einem Gast. Zu einer Person, die nur einen Zwischenaufenthalt einlegt, um auf die Ankunft ihrer Mutter und ihres Vaters zu warten. Ich stellte meinen Koffer ab.

Pan Ski hatte seine Aufgabe erfüllt, nickte mir zu und ging fort, um an einem anderen Tisch Mittag zu essen. Einer der Jungen rutschte ein wenig und machte mir Platz, sodass ich mich neben ihn auf die Bank setzen konnte. *»Servus«*, murmelte er. Drei Mädchen warfen mir polnische Begrüßungen zu. Wieder wurde ich daran erinnert, dass ich für den Augenblick mein Schwedisch wegpacken musste. »Jasiek«, stellte sich der Junge vor. Er musste achtzehn oder neunzehn sein. Sie hatten alle für einen Augenblick aufgehört zu essen. Hände streckten sich mir zur Begrüßung entgegen. Der Junge auf der anderen Seite des Tisches sagte: »Ich bin Stefan.« Er schien ein bisschen jünger zu sein als Jasiek. Beide Jungen hatten dünne, aschblonde Haare. Jasieks Gesicht und Hals waren von Pickeln übersät. Mir fielen die Blasen ein, mit denen in dem Sommer in Łapanów mein Bein bedeckt gewesen war. Die Mädchen hießen Dana und Sabina und Marysia. Alle drei hatten glatt herabhängende kurze Haare in verschiedenen Schattierungen von Mittelblond. Wo waren sie alle hergekommen? Waren sie in einem Konzentrationslager gewesen?

Ich hatte Hunger. Ich sog den Geruch der dicken Suppe in der Schale vor mir ein. Die frische Zuversicht, die mich durchzuckt hatte, mischte sich mit dem Duft des Essens. Ich tauchte den Löffel ein und probierte. Die alte Vertrautheit des Geschmacks überraschte mich.

Als ich ins Sanatorium gekommen war, in den ersten Wochen

nach dem Konzentrationslager, hatten sich die Mädchen in meinem Saal angewöhnt, mich aufessen zu lassen, was sie auf ihren Tellern liegen ließen. Ich war ein fremdartiges, hungriges Tier unter ihnen. Wenn sie über mich lachten – mir war das egal. Nach beinahe zwei Jahren der Fülle hatte ich die Erinnerung an das nagende Gefühl im leeren Magen verloren. Schließlich hatte ich die schwedischen Fischgerichte satt gehabt, die oft in Unmengen von Ei-und-Sahne-Soßen serviert wurden. Am schlimmsten war *lutfisk*. Schon beim Gedanken daran wurde mir schlecht. Zu Weihnachten war er Tradition. Wir mussten alles aufessen. Sonst bekamen wir nichts von dem Schinken und dem Reispudding, die folgten.

Diese polnische Suppe war köstlich. Kartoffeln und Gerste und Pilze durcheinander. Voller Gehalt und Würze. Dick und wohlschmeckend. Ein Geschmack von vor dem Krieg. Und sogar noch aus der Zeit während des Krieges auf dem Land, wenn Niania genügend Zutaten bekommen hatte, eine Suppe zu kochen. Oder in der Stadt, wenn wir uns mit unseren Schüsseln in der Suppenküche des Klosters angestellt hatten.

Ich betrachtete die vertraut flächigen Gesichter um mich her. Es waren grobe, ländliche Gesichter, die mich an die Menschen auf unseren Wanderungen mit Niania erinnerten. Nur eins der Mädchen konnte man als hübsch bezeichnen. Sie hatte blaue Augen, eine kurze gerade Nase und eine anmutige Nackenlinie. Als sie lachte, sah ich, dass ihre Zähne genauso ungleichmäßig waren wie meine. Wir hatten alle schiefe Zähne. Niemand an dem Tisch war so dunkel wie ich. Ich würde dafür sorgen müssen, dass sie die heiligen Medaillons sahen, die ich um den Hals hatte. Ich würde ihnen beweisen, dass ich keine wirkliche *Żydówka* (Jüdin) war. Einstweilen schob ich meine Angst und mein Misstrauen gegen dieses polnische Niemandsland von mir. Und ich konzentrierte mich darauf, diese unverschämt gute, dicke polnische Suppe zu löffeln.

23. Kapitel

Die Leiter des Lagers hatten versucht, so etwas wie Unterricht zu organisieren. Ein paar von den Hütten waren in Klassenzimmer verwandelt worden. Wir saßen an Tischen und bekamen Unterricht in polnischer Grammatik, Rechtschreibung und Geschichte. Obwohl ich nie zur Schule gegangen war, fand ich nicht, dass sich das wie richtige Schule anfühlte. Es gab auch Versuche zu einer handwerklichen Anleitung. Ich erinnere mich, dass ich nach einer Vorlage aus goldenem, rotem und weißem Papier einen polnischen Adler zusammenklebte. Wie der, den ich an der Wand in Pan Skis Büro gesehen hatte an dem Tag, als ich mit Herrn Nillson angekommen war. Er gelang mir nicht sehr gut. Ich vermisste die Handarbeiten und Sonntagsschulstunden im Sanatorium.

Manchmal versammelten wir uns abends in dem großen Raum und einer der Direktoren las vor. Da war eine streng aussehende Dame mit spitzer Nase und straffen grauen Haaren, die darauf bestand, dass wir sie Mutter nannten. Die las auf Polnisch aus einem Buch mit dem Titel *Huckleberry Finn*. Ich habe nicht besonders aufmerksam zugehört. Immer wieder tauchte der merkwürdige Name *Dżim* in »Mutters« Lesungen auf.

Ich wohnte mit den drei Mädchen zusammen, die ich am Tag

meiner Ankunft im Speisesaal kennen gelernt hatte. In einer Ecke hatten sie einen Hausaltar mit einer Statuette der Jungfrau Maria errichtet. Sie müssen geahnt haben, dass ich jüdisch war, aber ich kannte die Gebete und die Litaneien genauso gut wie sie. Wir beteten den Rosenkranz gemeinsam. Was immer sie gedacht haben mögen, ich bewies ihnen, dass ich Katholikin war, und sie forschten nicht weiter nach. Die Mädchen waren älter als ich. Sie sprachen über die Jungen und über das Heiraten und über den Beruf, den sie ausüben wollten, wenn sie nach Amerika oder Kanada kämen. Ich dachte nicht daran, sie zu fragen, was mit ihren Eltern geschehen war oder wie sie nach Schweden gelangt waren.

Abends erzählten die Mädchen Schauergeschichten, nicht unähnlich denen, die ich von Niania oder den Frauen in ihrem Dorf gehört hatte. Eine schreckliche Geschichte war hier in diesem Lager passiert, nicht lange bevor ich eintraf. Ein Junge war auf einem nahe gelegenen Teich Schlittschuh laufen gegangen und im dünnen Eis eingebrochen. Es war dunkel. Niemand hatte rechtzeitig zu ihm vordringen können. Der Junge war ertrunken. Manchmal, wenn ich an dem Teich vorbeikam, bildete ich mir Hilfeschreie ein. Ich stellte mir seinen nassen starren Körper vor, wie er zu einer der Hütten getragen wurde. Ob er über Nacht auf seinem Bett aufgebahrt worden war, während die anderen Jungen schliefen? Still, mit der Nase zur Decke? So wie Krysia auf dem Bett auf der anderen Seite des Gangs in dem Klosterschlafsaal gelegen hatte.

Es gab noch ein jüdisches Mädchen in dem Lager. Sie sah merkwürdig aus, mit kleinen Augen und leuchtend roten Wangen. Sie wohnte in einer anderen Hütte. Sie hieß Ryfka. Die polnischen Kinder riefen sie die ganze Zeit *Żydówka, Żydówka*. Sie ärgerten sie. Sie schlichen sich in ihr Zimmer und verwüsteten ihr Bett. Sie warfen ihre Sachen aus dem Fenster. Ryfka beklagte sich nicht und begegnete all den Verhöhnungen mit einem einfältigen, demütigen

Lächeln im Gesicht. Da sie Ryfka hänseln konnten, blieb ich verschont. Ryfka versuchte mit mir Freundschaft zu schließen, aber ich mied sie nach Möglichkeit. Ich wusste, dass sie geduldig nur darauf wartete, dass sie nach Palästina auswandern konnte. Ich verstand nicht, weshalb sie sich so eifrig daran klammerte, dass sie Jüdin war. Ich wollte bloß da raus und endlich mit Schweden zusammen sein.

Eines Morgens, ganz früh, am Ostermontag jenes Jahres, wachte ich unter einem Guss von eiskaltem Wasser auf. Einigen Jungen war es gelungen, sich in unsere Hütte zu schleichen und einem alten ländlichen Brauch folgend uns Eimer voll Wasser über den Kopf zu gießen, während wir noch in den Betten lagen und schliefen. Ein anderes Mal wachte ich hustend auf und roch Rauch. Das ganze Lager wurde geweckt. Wir wickelten uns in irgendwelche Hüllen, die wir gerade greifen konnten, und rannten hinaus und standen erschrocken und zitternd herum. Ein Feuer war in einer der Holzhütten ausgebrochen. Es hatte sich ausgebreitet, aber niemand war verletzt. Wie es eigentlich zu dem Feuer gekommen war, wurde nie geklärt. Noch lange Zeit danach stanken die Decken auf unseren Betten und unsere Kleider und ich lief mit einem unangenehmen Brandgeschmack im Mund herum.

In Krakau trafen Mutter und Vater Vorbereitungen für die Ausreise nach Schweden. Briefe mit polnischen Briefmarken auf den Umschlägen überquerten die Ostsee und wurden in Pan Skis Büro abgeliefert.

Ich dachte daran, wie furchterregend und schwierig es für Niania während des Krieges gewesen war, mit Mutter Kontakt zu halten. Dass wir in all den Jahren von Vater nichts gehört hatten. Es war nur eine kurze Zeit vergangen, seit wir alle nicht gewusst hatten, ob von den Menschen, die wir gerne hatten, überhaupt noch jemand lebte. Jetzt bekam ich dünne Seiten voll ständigen Jubels über unser Überleben ausgehändigt.

Aber es gab auch Beunruhigung. Vor allem darüber, dass sie die neue Sprache nicht sprachen. Stolz schrieb ich: »Liebste Mamusiu und Tatusiu und Nianiusiu, macht euch keine Sorgen. Ich spreche gut Schwedisch.« Schließlich war es ein auf Schwedisch geschriebener Brief von mir gewesen, der dazu geführt hatte, dass Niania und Mutter in Krakau ausfindig gemacht wurden. »Ich werde dolmetschen.« Ich leckte den Umschlag an und klebte eine schwedische Marke darauf. Der Brief würde nach Polen geschickt werden. Und kein Deutscher konnte ihn aufhalten.

Dann kam ein Brief von Niania. Ein langer, liebevoller Brief, in dem sie schrieb, wie sie ihre kleine Hanusia vermisste. Es täte ihr Leid, aber jetzt, wo die Deutschen fort waren, wollte sie Polen nicht mehr verlassen. Ihre Kopfschmerzen waren schlimmer geworden. Sie brauchte ihr *Kogutki* ständig. Sie mochte nicht weit weg reisen. Ich schrieb und erzählte ihr, dass es in Schweden wunderbare Schwestern und Ärzte und Kopfschmerzpulver gäbe.

In ihrem nächsten Brief, der wie immer voller liebender Worte war, schrieb Niania: »Ich habe gehört, dass es gemeißelte Bilder der Jungfrau Maria am Eingang zu allen Kirchen gibt. Die Leute treten auf ihr heiliges Bild, wenn sie hineingehen.« Wer hatte Niania solche grässlichen Dinge erzählt? Natürlich kannte ich nur meine Sonntagsschulstunden bei den freundlichen Schwestern in unserem Zimmer. Ich war nie in einer Kirche außerhalb des Sanatoriums gewesen. Wie konnte ich Niania davon überzeugen, dass Schweden ein wunderbares Land und seine Menschen freundlich und sehr fromme Christen waren? Ich hoffte, das Mutter und Vater sie überreden konnten, ihre Meinung zu ändern. Dass mit uns zu leben für Niania wichtiger war als ihre Angst vor den Lutheranern.

Im nächsten Brief teilte Mutter mir mit, dass Niania nicht mehr bei ihnen in Krakau wohnte. Sie hatte beschlossen, bei einer Schwester zu leben, die sie viele Jahre lang nicht gesehen hatte. Ich hatte nicht einmal gewusst, dass Niania eine Schwester hatte.

Konnten Menschen immer noch so außer Sicht geraten und verschwinden wie zu der Zeit, bevor die Nazis besiegt worden waren? Ich hatte zwei Jahre lang Obdach und freundliche Betreuung genossen. Jetzt war ich nicht sicher, wie ich es fand, dass Niania nicht wieder bei mir sein wollte. Nicht sicher, welche Empfindungen ich gegenüber Menschen aus der Zeit vor meinem friedlichen Leben in Schweden hegte.

Eines Abends beim Essen führte Pan Ski meine Mutter und meinen Vater in den großen Saal. Rundherum hörten die Kinder auf zu essen und starrten sie an. Ich stand steif und nervös auf und murmelte: »Mama … ähm, Pani …« Ich verlor den Faden. Wusste nicht, wie ich die Vorstellung dieses Paares bei den Jugendlichen an meinem Tisch anständig fortsetzen sollte. Mutter gegenüberzustehen war noch nicht so seltsam. Es waren erst ein paar Jahre vergangen, seit ich sie zuletzt gesehen hatte. Aber Vater? Vor mir stand ein mir irgendwie vertrauter Fremder von eher kleiner Statur. Die elegante graue Strähne, die von der Stirn schräg bis zum Hinterkopf lief, hob sich von dem Rest seines vollkommen ergrauten Haars nicht mehr ab. Er trug einen langen, groben Ledermantel und klobige, schwere Stiefel, die ziemlich abgetragen waren, aber blank geputzt. Ich versuchte das Zittern zu stoppen, mich normal zu verhalten. Ich war fast genauso groß wie dieser ältere Mann, den ich, als ich ganz klein gewesen war, als meinen Tatuś gekannt hatte. Er breitete für mich die Arme aus. In der zaghaften Umarmung spürte ich die Fremdheit über dieses viel größere Volumen an Tochter, das ich in den weit über sieben Jahren der Trennung geworden war. Er roch vertraut und gut.

Die beiden Jungen, die neben mir saßen, standen auf und baten Mutter und Vater, Platz zu nehmen. Jemand stellte ihnen Teller hin. Da saß ich, umgeben von meinen polnischen Lagergefährten und dem Geruch von Kohl und Wurst und Knoblauch, und starrte auf meinen Teller und dachte an den Tag, an dem Herr Nillson mich hier abgesetzt hatte und weggegangen war. Ich warf schnelle Blicke auf diese zwei, die meine Eltern waren. Ich rutschte auf der Bank herum und setzte mich anders hin und versuchte, dem freudigen Ereignis gerecht zu werden. Ob irgendeiner meiner Lagergefährten Eltern hatte, die ihn oder sie holen kamen? Zwischen höflichen Fetzen von Konversation, die überwiegend von meiner Mutter angeregt wurde, aßen wir kleine Happen von dem Essen auf unseren Tellern.

Nach dem Abendbrot zeigte ich meinen Eltern den Raum, in dem ich wohnte, und dann spazierten wir durch das Gelände. Das Licht war schon das Licht des Frühlings, und am Abendhimmel stand ein wunderbares Glühen. Es war noch kalt, aber der Schnee war fort. Gegen Ende des Winters hatte ich Skilaufen gelernt. Auf polierten Holzbrettern, die unter die Schuhe geschnallt wurden, hatte ich mich Fuß um Fuß vorwärts geschoben; ich war in aller Stille in die Außenbezirke des Lagers gelangt, war durch angrenzende Wälder und Felder geglitten und gelegentlich einen kleinen Hang hinuntergerutscht. Ich erinnerte mich, dass vor dem Krieg Vater in den polnischen Wintersportort Zakopane zum Skilaufen gefahren war.

»Ich kann Ski laufen«, sagte ich schüchtern zu meinem Vater.

»Ich hoffe, du bist vorsichtig, Hanusiu«, sagte meine Mutter.

Vorsichtig? Was für eine Gefahr drohte mir, wenn ich auf zwei Brettern in stillen friedlichen Wäldern über den verschneiten Boden glitt?

Im Speisesaal war für den Abend ein Tanz organisiert worden.

Die Tische waren beiseite gerückt und Bänke an den Wänden aufgestellt. Polnische Musik klang von einem Plattenspieler. Einige der Mädchen tanzten miteinander. Ich besaß mehrere Kleider, die aus dem Paket einer schwedischen Wohlfahrtsorganisation stammten. Ich rannte immer wieder in mein Zimmer, um mich umzuziehen und meinen Eltern zu zeigen, wie hübsch und erwachsen ich aussah. Beim dritten Mal zog ich ein rotes Kleid mit einer volantbesetzten Passe an, das mir zu groß war.

»Hör auf, dauernd hin und her zu rennen, Hanusiu!« Meine Mutter sah sich betreten im Saal um. »Du wirst dich erkälten.« Dann strich sie mir glättend über die Haare und sagte: »Ich glaube, wir sollten dir die Haare schneiden lassen. Du würdest mit kurzem Haar hübscher aussehen.« Vor dem Krieg hatte ich die Haare modisch kurz geschnitten gehabt, mit einem Scheitel auf der Seite und festgehalten von einer breiten Schleife oder einer Spange. So mochten es Mutter und Vater. Niania hatte Zöpfe lieber gehabt. Als im Krieg Niania ganz die Verantwortung für mich übernommen hatte, durfte ich meine Haare wachsen lassen. Wie konnte meine Mutter jetzt solche Dinge über meine Haare äußern? Wusste sie nichts von den geschorenen Köpfen in Konzentrationslagern? Konnte sie sich nicht denken, dass ich meine Haare, wenn sie einmal nachgewachsen waren, nie wieder würde schneiden wollen? Hielt sie mich etwa immer noch für ein Kind von vier oder fünf Jahren? Warum war Niania nicht gekommen?

24. Kapitel

Es war ein außerordentliches Gefühl, als ich mich von meinen Zimmergenossinnen verabschiedete, als ich Pan Ski und »Mutter«, den grässlichen Jungen und dem Gelände und den Hütten auf Wiedersehen sagte. Ich hatte nicht den Wunsch, irgendeinen von ihnen jemals wieder zu sehen. Ich gab Ryfka die Hand. Bevor ich mich abwandte, um mit meinem Koffer und einer Mutter und einem Vater fortzugehen, sah ich in ihrem komischen kleinen Gesicht einen Schatten von Traurigkeit, untermischt mit Neid. Warum hatte ich nicht versucht, netter zu ihr zu sein? Ich fragte mich, wie lange sie wohl noch dieses polnische Sammelbecken würde ertragen müssen, bevor sie Erlaubnis bekam, nach Palästina auszuwandern.

Die ersten Tage in Stockholm verbrachte ich damit, dass ich meine flüsternden, aber anspruchsvollen Eltern von Amt zu Amt begleitete, zu den Stellen, die für die Papiere neu eingetroffener Einwanderer zuständig waren. Ich war zaghaft und befangen, ich hatte Angst, Fehler zu machen, wenn ich vom Schwedischen ins Polnische und umgekehrt übersetzte. Ich dachte an meinen glücklichen Bruder im Sanatorium, der wahrscheinlich behaglich in eine Decke gewickelt in einem Liegestuhl auf einer Veranda lag, heißen Kakao trank und döste und las. Ich hatte mir oft das wunderbare

Leben ausgemalt und ersehnt, das ich endlich als Kind von Eltern führen würde, die sich um mich kümmerten. Stattdessen waren sie von mir als Unterhändlerin und Führerin abhängig; ich war es, die sich um sie kümmern musste. Ich wünschte, dass Herr Nillson von irgendwoher auftauchen und mir beistehen würde.

Meine Eltern hatten eine Unterkunft in einer Pension gefunden. *Pensionat* hieß das hier. Sie lag an einem hübschen Platz nicht weit von einem der vielen Hafenbecken am Mälaren, dem Mälarsee, in dem die vielen Inseln und Halbinseln liegen, die die verschiedenen Stadtteile von Stockholm bilden. *Fröken* (Fräulein) Löwengård, die Pensionswirtin, sprach eben genug stockendes Deutsch, um sich mit ihren Mietern verständigen zu können, die wie meine Eltern jüdische Neuankömmlinge aus Polen waren. Wenn es mit dem Deutschen nicht funktionierte, wurde ich um Hilfe beim Dolmetschen gebeten.

Unser Zimmer im *pensionat* war groß genug für ein großes Bett für meine Eltern, ein schmales Bett für mich, einen Waschtisch und einen Kleiderschrank. Das Fenster ging auf einen Hof hinaus. Am Ende des Flurs gab es eine Gemeinschaftstoilette und ein Badezimmer mit Wanne. Meine Eltern hatten die wenigen Habseligkeiten, die sie nach dem Krieg zusammengetragen hatten, mitgebracht. Der Koffer meines Vaters kam aus Russland und sah sehr, sehr alt aus. Er war aus schwerem braunem Leder mit Stahlverstärkungen. In Polen hatten sie noch eine Nähmaschine gekauft. Sie war groß und reich verziert und hatte einen Fußantrieb. Friedlich stand sie in einer Ecke und nahm Platz weg, bis ich ein paar Jahre später auf der höheren Schule lernte, mir meine Kleider selbst zu nähen, und sie regelmäßig zu benutzen begann.

Fröken Löwengård, die Pensionswirtin, wohnte in einem separaten Teil der Pension mit einem Maler zusammen. Sie führte den Haushalt sehr gewandt. Die Zimmer waren einfach, aber makellos sauber. Zweimal am Tag wurden in einem getäfelten Speisezimmer pünktlich Mahlzeiten serviert. Die Tische waren hübsch gedeckt mit Tischtüchern und Servietten. Ich war an die schwedischen Fisch- und Eierspeisen und den Käse gewöhnt, die meinen Hunger gestillt und mich gesund gemacht hatten. Die Überlebenden, die jeweils zu dritt oder viert an den Tischen saßen, verbrachten viel Zeit damit, über die eigenartigen Speisen zu maulen, die ihnen nicht schmeckten. Sie machten sich nicht die Mühe, die Stimmen zu senken, wenn sie auf Polnisch über alles herzogen: Die Zimmer waren ihnen zu klein oder zu dunkel. Es gab nicht genug heißes Wasser. Sie mochten die Bilder des Malers nicht, die an den Flurwänden und im Speisezimmer hingen. Sie missbilligten das Augen-Make-up der Vermieterin, ihr getöntes Haar. Zu den übrigen Klagen der Mieter und meiner Eltern, die unaufhörlich auf mich einströmten, kam dann noch: »Sie ist nicht einmal mit ihm verheiratet!«

Aus dem privaten kleinen Wohnzimmer der Pensionswirtin drang oft Klaviermusik zu uns. Meistens Jazz. »Ach«, hörte ich meine Mutter seufzen, »warum nicht mal eine Note Chopin?« Ich empfand jede Art von Klaviermusik, die durch das Fenster geweht kam, als angenehm. Vermischt mit Verkehrslärm war sie ein schöner Beleg dafür, dass ich endlich begonnen hatte, wieder in einer zivilisierten Großstadt zu leben.

Ich fand, dass Fröken Löwengård wie ein Filmstar aussah. Ich mochte die Bilder des Malers von Blumen in Vasen, Schalen voller Früchte, Weinflaschen, nackten Frauen. Die Farben waren so schön. Und sie sahen so echt aus. Manchmal hörte ich im Speisezimmer Fetzen der Unterhaltung über Theater und Kunst zwischen der Vermieterin und dem Maler und ihren Freunden. Gespräche, die die Ausländer um mich herum nicht verstehen konnten. Im Vergleich mit diesem interessanten schwedischen Paar kamen mir die Mieter vor wie die armen Verwandten aus Łapanów. Ich schämte mich, zu dieser Gruppe zu gehören. Ich war enttäuscht über die Art und Weise, wie sich meine Eltern bereitwillig an dem Murren der unzufriedenen Polen beteiligten. Ich war traurig, dass sie sich nicht vornehm auf Schwedisch unterhalten konnten.

Mein Vater bekam eine Anstellung. Eines Morgens ging er im Anzug mit Krawatte und Hut fort. Er sah fast so aus, wie ich ihn aus der Zeit vor dem Krieg in Erinnerung hatte. Als er *mój tatuś* gewesen war und viel größer als ich, und als das Grau in seinem Haar nur eine interessante Strähne gewesen war.

Am Abend kam mein Vater von seinem neuen Job heim und begann zu weinen. Mutter hatte mir erzählt, dass er geweint hatte, als er mich zum Abschied küsste, bevor er fortgegangen war, um sich den Nazis zu entziehen. Aber damals hatte ich in meinem Bett unter Nianias Schutzengelbild geschlafen. Ich hatte meinen Vater noch nie weinen sehen.

»Ich kann das nicht machen«, schluchzte er. »Ich kann nicht.« Sein erster Job in Stockholm war der eines Fahrstuhlführers in einem Bürogebäude. Er hatte eine Uniform mit Kappe anziehen müssen. Den ganzen Tag hatte er höflich und devot sein müssen gegenüber Menschen, deren Sprache er nicht verstand. Den ganzen Tag hatte er gut gekleidete Geschäftsleute gesehen, die in den Aufzug ein- und ausstiegen, um in ihre Büros zu gelangen.

»Bevor mich die Nazis beraubt haben, hatte ich eine eigene Fabrik«, weinte mein Vater. »Jetzt bin ich nichts!« Selbst in Samarkand hatte er noch seinen eigenen Stand auf dem Basar gehabt, an dem er Süßigkeiten und Kinkerlitzchen verkaufte. »In diesem Land bin ich gar nichts!«, wiederholte er immer wieder. »Nichts!«

Ich hatte nichts verloren, woran mir gelegen war. Nur noch verschwommen erinnerte ich mich an Dinge, die vor dem Krieg mir gehört hatten. Ich hatte mich daran gewöhnt, keine Bücher und Spielzeug oder hübsche Kleider oder Freunde zu haben. Ich war so lange ohne diese Dinge gewesen, dass ich wirklich nicht wusste, wieso ich etwas vermissen sollte, was ich nie gehabt hatte. Ich begann gerade mein Leben in einer wunderschönen Stadt mit Neonreklame und Kirchenglocken und Kinos und einem blauen Himmel. Ich hatte gelernt, eine Sprache zu sprechen, die sich gut auf meiner Zunge anfühlte und mir lieblich in den Ohren klang. Ich hatte einen sauberen Körper. Ich hatte Haare. Ich war neu.

Viele Jahre war ich ohne meinen großen, gut duftenden Vater gewesen. Aber jetzt war ich bereit, diesen wieder gefundenen kleineren Vater Verantwortung übernehmen und sich um mich kümmern zu lassen. Ich konnte gar nicht verstehen, wieso es für ihn nicht genug war, dass er überlebt und seine Frau und seine Kinder wieder gefunden hatte. Und dass er in einem Land lebte, in dem es genug zu essen gab und wo die Menschen in aller Stille Fremden beistanden und der Hass auf Juden kein Lebenszweck war.

Mein Vater gab den Job im Aufzug auf und bekam Arbeit in einer Fabrik, die Anzüge herstellte. Das gefiel ihm besser und er weinte nicht, wenn er heimkam. Mutter bekam auch eine Anstellung. In einer Fabrik, die Monatsbinden produzierte. Sie war geduldiger und fügsamer als Vater und verbrachte den ganzen Tag damit, Wattepolster in längliche Gazehüllen zu schieben und die Enden zu verknoten.

Meine Eltern fanden einen polnischen Schneider, der auch kürzlich hergekommen war. Er nahm bei mir Maß für ein neues Kleid. Es würde mein erstes neues Stück seit vor dem Krieg sein. Mutter und Vater beschlossen, dass ich ein Matrosenkleid haben sollte, mit Faltenrock und einem Oberteil mit breitem Überwurfkragen und weißen Biesen. Sie erinnerten sich an die Schuluniformen der Vergangenheit, die ihnen gefallen hatten.

Als das Kleid fertig war, ging ich mit meinem Vater in ein großes Warenhaus, um Schuhe zu kaufen. Ich schlüpfte in ein Paar Sandalen. So neu und weiß und glänzend, mit einer hübschen Schnalle und Riemen! Ich betrachtete meine Füße in dem niedrigen Spiegel und machte ein paar kleine Schritte vor und zurück auf dem teppichbelegten Boden. Von den Zehen durch die Fußsohlen hinauf war mein ganzer Körper von neuer Hoffnung und Zuversicht erfüllt. Die Sonne schien, die Straßenbahnen rasselten und der Krieg war vorbei. Ich war eine Tochter. Ich hatte einen Vater. Er kaufte mir neue Schuhe.

Die Verkäuferin sprach den Preis sorgfältig aus. Und dann hörte ich meinen Vater auf Deutsch sagen: *»Geht es nicht ein bisschen billiger?«*

Mein Glück platzte wie ein Luftballon. Ich fühlte mich wieder wie der haarlose dunkle Affe am ersten Tag im Sanatorium; ich wollte aus den weißen Sandalen heraus und vor Scham verschwinden. Die Verkäuferin verstand ihn und war bestürzt über meines Vaters unerwartete und taktlose ausländische Frage. Sie versuchte ein affektiertes Lächeln. Dann kniff sie die Lippen zusammen und schüttelte nur den Kopf. Wusste denn mein Vater nicht, dass in diesem Land in einem vornehmen Laden die Leute nicht um Preise feilschten wie Händler auf dem schwarzen Markt in Polen oder Russland? Musste er mich denn verraten, indem er in einem Stockholmer Kaufhaus zum alten jüdischen Hausierer wurde? Ich wollte die Sandalen nicht. Mit gesenktem Kopf setzte ich mich und streifte sie still ab.

Mein Vater holte seine abgenutzte kleine Brieftasche heraus, zählte schwedische *kronor* ab und bezahlte die Sandalen. Die Verkäuferin legte sie in eine Schachtel. Die Schachtel schob sie in eine

Papiertüte. Sie gab mir das Päckchen. Als wir in einer anderen Abteilung weiße Kniestrümpfe kauften, diskutierte mein Vater nicht über den Preis. Ich atmete auf, als wir wieder draußen auf der Straße waren.

Die Sommer in Schweden sind wunderschön. Die Sonne scheint fast bis Mitternacht, verschwindet dann für wenige Stunden und geht wieder auf. Wir warteten auf die Nachricht, dass mein Bruder wieder gesund wäre, und lebten uns ein. Wir unternahmen Spaziergänge, Bootsfahrten, schauten uns im Museum Bilder an. Auf einem Foto, das auf dem Platz vor dem Parlamentsgebäude aufgenommen wurde, trage ich mein neues Kleid, die weißen Kniestrümpfe und die Sandalen. In den Zöpfen habe ich weiße Schleifen. Ich stehe neben meiner Mutter und meinem Vater. Meine große Mutter trägt ein gut geschnittenes Kostüm mit breiten Schultern und einen weichen Filzhut. Mein Vater hat keinen Hut auf; sein welliges graues Haar ist geglättet. Er hat eine Hand lässig in die Jacketttasche gesteckt. Ich bin fast so groß wie mein Vater. Wir haben den Krieg überlebt. Wir posieren im Sonntagsstaat, lächelnd und zuversichtlich. Auf dem Foto bin ich wieder das Kind von Eltern.

Als später in dem Sommer mein Bruder wirklich wieder gesund war, baten wir Fröken Löwengård um ein größeres Zimmer in der Pension. Es wurde tatsächlich eins frei. Das neue Zimmer hatte ein eigenes Waschbecken mit fließendem Wasser. Es gab einen Extraalkoven mit zwei Betten. Meine Eltern fuhren mit dem Zug, um meinen Bruder vom Sanatorium abzuholen.

»Ich kenne den Mann nicht«, flüsterte mir mein Bruder zu, als er ankam. »Ich kann mich nicht erinnern, einen Vater zu haben.«

Ob ihn Tatuś auch geküsst hatte in jener Nacht, als er weinte, weil er fortmusste? Mutter hatte nichts davon gesagt.

Mein Bruder war erschrocken über die Großstadt und verwirrt von dem Zusammenleben mit diesen Eltern genannten Menschen. Ich aber war es leid, mit dieser Gruppe von Flüchtlingen in der Pension zusammenzuleben ohne jemanden meines Alters. Ich war froh, dass ich meinen Bruder wiederhatte.

Endlich saß ich zum ersten Mal in meinem Leben an einem Pult in einem richtigen Klassenzimmer. Ich liebte die Schule. Ich liebte alles an ihr. Aufzustehen und mich für die Schule anzuziehen! Das Gewicht meiner Schultasche, in der sich Bücher und Hefte und Stifte und Federhalter mit Stahlfedern befanden. Das Rasseln der Straßenbahn auf der kurzen Fahrt von der Pension dorthin. Ich liebte es, mich in das alte, zerkratzte hölzerne Schulpult zu schieben und Bücher und Hefte herauszuholen.

Es ging streng zu in den Stunden. Wir sprangen jeden Morgen stramm auf und begrüßten die Lehrerin im Chor. Ich liebte die dünne, große, ernste Lehrerin; sie hatte kurz geschnittene Haare, die auf einer Seite von einer Spange gehalten wurden. Sie trug Tweedröcke und hochgeschlossene Blusen und graue Strickjacken. Zuerst wurde gebetet und ein Psalm gesungen. Ich tauchte meine Feder in das Tintenfass, das in einem kleinen runden Loch in einer vertieften Mulde im Pult eingelassen war, und schrieb in mein Übungsheft. Um die Schrift abzulöschen, hatte ich ein Löschblatt. Die Bücher, die man mir gegeben hatte – über die Geschichte Schwedens, Grammatik, Arithmetik, Geografie –, waren voller Gekritzel und Geschmier von früheren Schülern.

Die Hausaufgaben waren kein Problem. Ich wusste alles vorwärts und rückwärts. In den verschiedenen Unterrichtsstunden hatte ich die Hand ständig oben; ich stürzte mich auf die quietschende Tafel voller Wörter, historischer Daten, Geschichten, Gedichte, Rechenkästchen, die auszurechnen waren. Wir hatten auch

Musikunterricht. Geschichten vom Leben berühmter Komponisten. Und wir sangen. Es war egal, was wir lernten, ich stellte nichts in Frage. Mein begieriges Hirn schwelgte in den Lektionen der Bücher, wie mein ausgehungerter Magen in Bohnen und Fleisch aus den Dosen der Carepakete geschwelgt hatte.

Ärgerlich an der Schule war der Sportunterricht. Mehrmals in der Woche mussten wir Turnhosen und Turnhemden anziehen und in die Turnhalle gehen, die voll von poliertem Holz war und nach Gummi und Harz roch. Wir mussten Übungen an einer Holzstange machen. Meine Klassenkameradinnen erledigten mit Leichtigkeit eine Übung, bei der man die Stange von unten ergreifen, dann die Beine über den Kopf schwingen und mit geraden Armen hängen musste. Es war wie ein Purzelbaum. Eine andere Übung fand an einem Gerät statt, das auf vier Beinen stand. Wir stellten uns auf und rannten darauf zu. Man musste auf jeder Seite einen Griff packen, die Beine spreizen und darüber grätschen auf die Matte an der anderen Seite. Oder wir mussten uns kopfüber an eine Sprossenwand hängen. Meine Hände schwitzten. Ich konnte mich kaum an der polierten Stange halten. Die Beine über den Kopf zu schwingen war mir nicht möglich. Ich brachte nie genügend Schnelligkeit und Energie auf, um über das vierbeinige Gerät zu springen. Ich schämte mich, dass ich so unbeholfen war. Immer wenn ich rennen oder springen oder klettern sollte, kam es mir vor, als ob ganz tief in mir eine schwarze Hexe namens Grässliche Angst lebte, die immer bereit war, meine Glieder mit einem Seil zu fesseln, das bisschen Mut, das es vielleicht gab, zu zerquetschen und boshaft über meine Schmach zu kichern.

Wir machten Ausflüge zu einer Schlittschuhbahn. Denen, die keine eigenen Schlittschuhe hatten, wurden welche geliehen. Es war die Art von Schlittschuhen, die man außen an den Schuhen befestigte. Mehrere der Mädchen trugen hübsche kurze Röckchen und weiße Schlittschuhstiefel. Ihr Gelächter und ihr Scherzen brachten mich wieder auf Abstand. Meine Klassenkameradinnen glitten und wirbelten voller Ungezwungenheit und Anmut dahin, während ich mich nicht einmal traute, die trügerische Fläche des glatten Eises zu betreten. Meine Beine waren zwei steife, wacklige Stangen, die den Forderungen der Stahlkufen tief unter meinen Füßen nicht gehorchen wollten. Meine Fußgelenke knickten ein. Ich klammerte mich verzweifelt an das Geländer am Rand und versuchte mich in eine Ecke der Eisbahn zu verziehen.

Dass ich beim Sport so ungeschickt und in den anderen Fächern so gut war, schuf Abstand zu meinen Klassenkameradinnen. Wenige wollten sich mit mir anfreunden. Und ich blieb weiterhin eine Fremde. Nicht alle Menschen in Schweden waren blond, aber man sah fast nie ein Mädchen mit so dunklen Zöpfen wie meinen und dem olivdunklen Aussehen einer Zigeunerin. Die Leute drehten sich auf der Straße nach mir um. Oft hörte ich Passanten »Negerin!« flüstern. Oder »Inderin«. Es waren weniger Ausdrücke von Bosheit und Hass als vielmehr von Erstaunen darüber, jemanden so unerwartet Dunkelhäutigen im nordischen Stockholm zu sehen. Ich war überrascht, fühlte mich ausgesondert, beschämt.

Trotzdem, es gab Unterschiede zwischen dem Ich meiner ersten Tage in der Schule und dem Ich, das ich in den ersten Tagen im Sanatorium gewesen war. Ich konnte lesen und ich konnte sprechen. Vorsichtig, schüchtern war ich bereit, mir den Weg in mein neues Land zu bahnen. Dass ich als eigenartig auffiel, war nicht gleichzusetzen mit Bedrohung und Gefahr. Nicht so, wie es in Polen gewesen war. Schon bevor die Nazis kamen, war es gar nicht komisch gewesen, wenn einem *»Żydówka! Żydówka!«* nachgerufen wurde.

25. Kapitel

Man musste in Schweden nicht unbedingt zur *realskola* gehen, der weiterführenden Schule. Ich machte aber die Aufnahmeprüfung, zusammen mit vielen meiner Klassenkameradinnen. Nicht alle bestanden. Meine Zensuren waren gut. Meine Lehrerin strahlte. Meine Eltern waren stolz. Am ersten Tag in der *realskola* war ich ängstlich und aufgeregt, aber besser vorbereitet, als ich es ein Jahr zuvor gewesen war. In der neuen Schule war ich eine von vielen Schülerinnen, die neu anfingen.

In dieser Schule wurden Jungen und Mädchen zusammen unterrichtet. Die Jungen waren pickelig und unmanierlich und hörten nicht auf, einander und die Mädchen zu ärgern. Ich war überrascht, als ich mich auf dem Schulhof in die Cliquen der Mädchen einbezogen sah, die sich kichernd und flüsternd in gespielter Missbilligung der Jungen äußerten. Ich war erleichtert, dass in den ach so wichtigen Turn- und Sportstunden Mädchen und Jungen getrennt waren. Ich fürchtete mich immer noch davor.

Wir hatten verschiedene Lehrer für Erdkunde, Geschichte, Schwedische Literatur, Algebra und Geometrie. Wir begannen Englisch zu lernen. Deutsch wurde auch verlangt. Im Mund meiner schwedischen Lehrer und Mitschüler wurde aus der Sprache, die jahrelang für das Grauen gestanden hatte, nach und nach die schlichte Forderung nach Kenntnissen, die auswendig gelernt und konstruiert und erobert werden mussten. Ich erkannte im Deutsch die entfernte Verwandtschaft mit dem Schwedischen, das ich liebte. Und in den Texten der Lieder, die wir manchmal sangen, enthüllte die Sprache ihre Schönheit. Deutsch spiegelte für mich immer die Macht eines Feindes, aber es war zugänglich geworden als eines von etlichen Schulfächern. Behutsam und gehorsam zeichnete ich mich darin aus.

Englisch war die Sprache, die ich aus Filmen kannte. Es war die Sprache von Cowboys und wunderschönen Männern und Frauen, die in prächtigen Kleidern tanzten und sangen und lächelten, wobei sie große, strahlende Reihen gerader weißer Zähne zeigten.

Es war auch die Sprache von Menschen, die sich, von Jazzmusik begleitet, durch schattige schwarzweiße Innenräume bewegten oder aber in den tückisch dunklen Straßen der Städte lauerten.

Englisch war die Sprache der Songs, die meine beiden besten Freundinnen und ich nach Schallplatten und aus dem Radio lernten, die wir dann laut sangen, wenn wir Arm in Arm durch Stockholms Straßen wanderten, womit wir Aufmerksamkeit auf uns zogen. Englisch war ein Kobold und ein Gauner. Es erforderte Verrenkungen von Zunge und Mund, Wörter und Laute zu produzieren, die den Buchstaben, mit denen sie geschrieben wurden, nicht immer entsprachen. Und ich liebte den Klang und das Aussehen dieser Sprache.

Die Kunst-Lehrerin in meiner neuen Schule, eine fröhliche Frau in einem bunten Kittel, mit schönen, blassblonden Haaren, die zu einem festen Knoten gebunden waren, kam eines Tages herein und sagte: »Heute lernen wir etwas über Sehen und Wahrnehmung und wie man *akvarellfävger* einsetzt.« Das war ein völlig normales schwedisches Wort und hieß »Wasserfarben«. Aber es war kein Wort, das die Jungen täglich benutzten. Sie begannen zu kichern und dämliche Bemerkungen zu machen und herumzualbern.

Wir versammelten uns vorn an *fru* Malmkvists großem Tisch. Sie öffnete eine Mappe und breitete eine Sammlung von Farbdrucken von vornehmen Innenräumen aus, in denen Tische mit Blumenvasen, Sofas und Stühle standen. Die Jungen teilten mit, dass sie Bilder von Autos oder Pin-ups vorgezogen hätten.

»Nächste Woche«, sagte Fru Malmkvist ungerührt. »Heute sucht sich jeder ein Bild von einem Gegenstand aus, den er wiedergeben will, und dann fangt an.«

Ohne große Begeisterung, nur weil es erwartet wurde, schaute ich mir die Bilder aufmerksam an. Mein Blick fiel auf ein Bild von einem hübschen, zierlichen Stuhl. »Armstuhl, 18. Jahrhundert« stand darunter. Das grauweißliche Holzwerk zeigte einen grazilen Strauß von geschnitzten Blüten oben in der Mitte. Das gleiche Motiv wiederholte sich am Ende der geschweiften Armlehnen. Der Sitz und die ovale Rückenlehne waren mit einem seidigen, blauweiß gestreiften Stoff gepolstert. Ich wusste, dass ich genau so einen Stuhl bereits einmal gesehen hatte. Der Stuhl auf dem Bild sah exakt so aus wie der in Herrn Nillsons Wohnung, auf dem zu sitzen ich mich geniert hatte!

Mein Tisch befand sich hinten im Klassenzimmer in der Nähe des Fensters. Das Oktoberlicht fiel auf den leeren Bogen von schönem Papier, den mir Fru Malmkvist gegeben hatte. Brandneue Förmchen von Wasserfarben in einer flachen Blechschachtel, zwei Pinsel, ein Bleistift und ein Radiergummi warteten auf mich. Ich war nervös und aufgeregt, als ich in den Flur ging, um eine Blechdose mit Wasser aus dem Hahn dort zu füllen. Das Knurren der Jungen war verstummt, man hörte nur noch kratzende Stifte, reibende Radiergummis und Pinsel, die ins Wasser getaucht wurden.

Ich hatte den Bleistift in der Hand und skizzierte dünn und sorgfältig die Umrisse des Stuhls. Ich tauchte meinen Pinsel ins Wasser und rieb ihn dann sanft in einer eckigen Form mit blauer Farbe in dem Tuschkasten. Es gab verschiedene Töne von Blau nebeneinander. Ich begann mit dem einen und mischte dann einen etwas anderen blauen Ton in den Pinsel. Ich sah ein wenig Grün in den blauen Streifen und arbeitete einen Tropfen Farbe aus einem grünen Wasserfarbentöpfchen ein. Wo die Polsterung straff gespannt war und sich zum Holzrahmen hin wölbte, wurden die Farben eine Spur dunkler. In dem runden Zentrum waren sie heller und strahlender. Mein Pinsel tauchte ein und streichelte und tupfte und wanderte innerhalb der gezeichneten Umrisse über das Papier. Ich fühlte mich wie ein kleines Insekt, eine Fliege, oder wie eine Spinne, die langsam und vorsichtig einen Spaziergang entlang der Streifen unternimmt, die stillen, blassen Farben des Stuhls in dem Druck aufspürt, beurteilt, vergleicht und auf den Stuhl in meiner Zeichnung überträgt.

»Das ist sehr, sehr gut.« Ich erschrak über Fru Malmkvists Stimme neben mir. Ich hatte nur das sanfte Huschen des Pinsels auf dem Papier gehört und das Klimpern am Wassertöpfchen, wenn ich ihn eintauchte, während ich mich auf die Wiedergabe konzentriert hatte, und meine Lehrerin und die Klassenkameraden fast völlig vergessen.

»Du brauchst nicht weiterzuarbeiten an deinem Bild«, sagte die Kunstlehrerin lächelnd. »Es ist prima, so wie es ist. Seht alle mal her. Ein sehr gutes Beispiel für sorgfältiges Hinsehen, Beobachten und Wahrnehmen und für einen feinen Einsatz von Wasserfarben.«

Meine Klassenkameraden legten ihre Stifte und Pinsel ab und schauten von ihren Tischen auf. Fru Malmkvist lehnte mein Bild neben den Druck an die Tafel. Selbst aus der Entfernung konnte man sehen, dass es das sorgfältig von dem Druck gleich daneben kopierte Bild eines blauweiß gestreiften Stuhls war. Ich hatte sogar den leichten Schatten angedeutet, den der Stuhl auf den Fußboden warf. Von meinen Klassenkameraden kam das Raunen echter Bewunderung. Von dem Tag an wollte ich nie wieder ohne solches Murmeln leben.

Dass ich jetzt als »Künstlerin« der Klasse eine Sonderrolle innehatte, milderte das Stigma der Unbeholfenheit in Turnen und Sport. Im Lauf der Zeit ließ meine Gehemmtheit auch da nach. Im Wasser des Olympiabades, das wir mehrmals im Monat aufsuchten, lernte ich nach einigem Würgen und nervöser Anspannung schwimmen. Ich lief die 100-Meter-Distanz. Ich machte sogar Stabhochsprung. Ich wurde Torhüterin im Fußballteam der Mädchen.

Einmal die Woche begann ich in den Abendunterricht einer richtigen Kunstschule zu gehen. Ich fertigte Kohlezeichnungen von Gipsabgüssen zerbrochener alter Statuen an. Hände und Füße waren schwierig. Zu Hause zeichnete ich Porträts von meinem Vater, meiner Mutter, meinem Bruder. Ich malte Arrangements von Blumen in einer Vase, von Obst in einer Schale, von Bechern und Flaschen auf einem Tischtuch, von Stühlen, die leer um einen Tisch herum standen. Ich malte Bilder von den Häusern auf der anderen Straßenseite und von imaginären Landschaften mit Bergen und Bäumen. Ich sah mir die Bilder in Zeitschriften an und malte und zeichnete Menschen in Kostümen.

Manchmal ging die ganze Klasse mit Fru Malmkvist ins Kunstmuseum. Wenn ich dort Bilder betrachtete, war ich nicht damit zufrieden, eine Bewunderin zu sein. Ich wurde eine hungrige Wanderin, ein Eindringling in die Umrisse von Spitzen auf einem Handgelenk, in Augen und Haare, ich wurde eine Reisende zwischen Bäumen und Bergen vor wolkigem Himmel, ich meißelte Formen von Blütenblättern und vom menschlichen Körper. Ich war eine Verschwörerin und eine Diebin. Ich war eine Künstlerin.

26. Kapitel

»Niania ist tot!«, rief Mutter. Sie las einen Brief, der gerade aus Polen gekommen war. »Die arme Frau! Ein Gehirntumor. Mein Gott!« All ihre Kopfschmerzen, die nicht weggingen, egal, wie viele *Kogutki*-Pulver mein Bruder und ich ihr brachten. Es war die ganze Zeit ein Gehirntumor gewesen. »Ach«, seufzte Mutter abermals. »Die arme Frau!«

Nicht lange vor diesem Brief war ein Paket aus Polen eingetroffen, mit einem Geschenk von Niania zu meinem Geburtstag. Meinem Geburtstag, von dem während des Krieges keine Notiz genommen worden war. In Polen feierten nur Juden Geburtstag, die Katholiken hatten Namenstag, nach dem jeweiligen Heiligen. Ich hatte die Schnur aufgeschnitten, die äußeren Schichten von braunem Packpapier aufgerissen, eine hübsche Schachtel hervorgeholt und den Deckel abgenommen.

Aus dem raschelnden Seidenpapier hatte ich eine große Puppe herausgehoben, die mir steife Arme entgegenstreckte. Ihre Augen öffneten sich mit einem Klick und fixierten mich mit einem blaugrau starrenden Blick. Die Puppe hatte ein hellblaues Kleid aus weicher, glänzender Seide mit einem spitzenbesetzten weißen Organdykragen an. Ihre Arme und Beine ließen sich bewegen und sie hatte einen Wust von Haaren, die in der Mitte gescheitelt waren und menschlich aussahen. Seit vor dem Krieg hatte ich so außergewöhnliches Spielzeug nicht gesehen. Und wie groß sie war! Die Puppen, an die ich mich erinnerte, mit denen ich gespielt hatte, waren viel, viel kleiner gewesen. Als ich damals an dem Passahmorgen in Łapanów die Matzen vor den Nazis versteckt hatte, waren die Puppen in meinem Puppenwagen alt und abgerissen gewesen und ihre Kleider zerlumpt. Als wir dann weitergezogen waren in Nianias Dorf, hatten wir nicht mehr viele Sachen mitgenommen. Ich weiß nicht, was aus meinen alten Puppen oder ihrem Wagen geworden ist.

Ich hatte die Puppe wieder in die Schachtel gelegt, das Seidenpapier sorgfältig rundherum angedrückt und den Deckel wieder darauf gesetzt. In meinem Brief hatte ich Niania überschwänglich gedankt für die *śliczna laleczkal* (prächtige Puppe). Ich hatte nichts davon gesagt, dass ich zu groß war und dass es mir peinlich wäre, mit Puppen zu spielen. Aber wenn ich allein war, nahm ich manchmal die Puppe aus der Schachtel und dem Seidenpapier und wiegte sie in meinen Armen, glättete ihr Kleid und zupfte es zurecht und zog ihr die kleinen Socken und die Tanzschuhe wieder hoch.

Wir wohnten inzwischen in einem kleinen, baufälligen Häuschen am Rande Stockholms. Kurze Zeit nachdem mein Bruder aus dem Sanatorium entlassen worden war, waren wir aus der Pension ausgezogen. Ich saß jetzt auf dem Bett in dem kleinen Zimmer, das ich mit meiner Mutter teilte, und lauschte ihrem Seufzen über den Brief von Nianias Schwester. Ich nahm den Deckel von der Schachtel, in der die Puppe lag. Mit ihren steif ausgestreckten Armen schien sie darum zu bitten, dass ich sie herausnähme. Als ich Niania das letzte Mal gesehen hatte, hatte sie mit ausgestreckten Armen meinem Bruder und mir unsere Mäntel und Schals in den Lastwagen mit der Plane geworfen, Sekunden bevor uns die Nazis an jenem Weihnachtsmorgen aus dem Kloster abtransportierten. Dann war die kleiner werdende Gestalt Nianias, die die Hände rang, unseren Blicken entschwunden. Ihre Schreie »Nehmt mir meine Kinder nicht weg! Tut meinen kleinen Kindern nichts!« waren in der Ferne verhallt.

Ich dachte an den Traum, den Niania gehabt hatte, kurz bevor ihre Mutter starb. Aus einem offenen Grab hatte ihre Mutter die Arme nach Niania ausgestreckt. Ich sah auf meine Puppe in der Schachtel und hatte das Gefühl, ich schaute auf einen steifen toten Körper. Ich legte die aufrecht stehende Schachtel flach aufs Bett, damit die Augen sich schlössen und mich nicht mehr anstarrten. Ich hätte ihr die Arme gebogen und über der Brust gekreuzt, wenn das gegangen wäre. Aber die Arme der Puppe ließen sich nicht so biegen. Sie bewegten sich nur auf und ab in ihren Gelenken. Aus einem kleinen Beutel, den ich unter dem Bett hervorholte, nahm ich meinen Rosenkranz. Zusammen mit den Medaillons, die ich nicht mehr um den Hals trug, bewahrte ich ihn darin auf.

»Du solltest diese Sachen wirklich nicht tragen«, hatte sich meine Mutter eines Tages beschwert. »Du bringst uns in Verlegenheit.« Wir lebten noch in der Pension. Meine Eltern fürchteten, die anderen jüdischen Flüchtlinge könnten entdecken, dass ihre Tochter mit katholischen Medaillons um den Hals herumlief. Ich hatte nachgegeben. Ich hatte meine Anhänger weggepackt.

Jetzt nahm ich meinen Rosenkranz heraus und legte ihn um die ausgestreckten Arme und steifen Finger meiner Puppe. Meine Mutter, die nicht auf meine Spielerei geachtet hatte, reichte mir den Brief. Ich überflog ihn. Es standen schlichte Details über die Beerdigung darin. »Sie war eine fromme und demütige Dienerin Christi und der Heiligen Jungfrau Maria«, hatte der Priester über Niania gesagt. Da war eine Beschreibung von der Grabstelle und den Blumen. Ich gab meiner Mutter den Brief zurück und sagte nichts.

Meine Niania war tot. Ich würde sie nie wieder sehen. Ich setzte den Deckel wieder auf die Schachtel und schob sie unter das Bett.

Ich weinte nicht. Ich war böse. Warum war Niania so dickköpfig gewesen?

Ich ging in den anderen kleinen Raum des Häuschens. Mein Bruder machte seine Hausaufgaben in Hebräisch. Mein Vater hatte irgendwo einen geflüchteten Rabbi aufgetan, der seinen Sohn auf seine Bar-Mizwa vorbereiten sollte. Er kam jede Woche einmal in unser Haus und breitete seine Bücher auf dem runden Tisch aus, den meine Mutter mit einem blauen Wachstuch bedeckt hatte, und gab meinem Bruder Unterricht.

»Warum hat Niania nicht herkommen und mit uns zusammenwohnen wollen?«, sagte ich zu meinem Bruder.

»Ich weiß nicht«, sagte er ruhig, ohne von seinem Buch aufzusehen. »Vielleicht hat sie uns, sobald wir weg waren, nicht mehr lieb gehabt.«

»Oh, du bist ja so dumm!« Ich hatte Lust, ihm sein selbstgefälliges Gesicht ins Buch zu stopfen. »Dir ist sie ja egal, weil sie uns nicht geholt hat, als wir deportiert wurden!«

Mein Bruder sagte nichts. »Sie liebte mich sowieso mehr als dich!«, schrie ich.

Ich wollte gar nicht mit meinem Bruder streiten. Er hatte es schwer genug. Aus dem Sanatorium entlassen zu werden, mit Eltern leben zu müssen, die er kaum kannte. Vor allem einem Vater, an den er sich nicht erinnern konnte. Überhaupt nicht. Er begann mit der Schule in einer Großstadt, die ihm vollkommen neu war. Und jetzt arbeitete er folgsam an Worten in wieder einer anderen Sprache aus einem Buch, das man von hinten nach vorn lesen musste. Woher sollte er wissen, was Niania gefühlt oder gedacht hatte? Oder ob sie nur gestorben war, weil sie beschlossen hatte, Polen nicht zu verlassen?

»Entschuldige bitte«, sagte ich. »Es tut mir so Leid.« Es tat mir wirklich Leid. Niania tat mir Leid, mein Bruder tat mir Leid, ich tat mir Leid. Draußen war es dunkel. Keine Blätter an den Bäumen. November. Ich war deprimiert.

Je länger ich darüber nachdachte, desto mehr war ich überzeugt, dass Niania, wenn sie hergekommen wäre, von ihrem Gehirntumor hätte geheilt werden können. Ich war tuberkulosekrank gewesen. Mein Bruder war tuberkulosekrank gewesen. In Schweden hatten sie uns beide wieder gesund gemacht. Krysia war in Polen an derselben Krankheit gestorben. In Polen endeten alle damit, dass man sie aufbahrte, Nase und Füße zur Decke gerichtet.

Vielleicht war es meine Schuld. Im letzten Jahr hatte mich meine Mutter, immer wenn ein Brief von Niania gekommen war, ermahnen und manchmal schelten müssen, damit ich ihr wiederschrieb. Wenn ich dann endlich geschrieben hatte, waren vielleicht meine Briefe nicht nett genug gewesen. Vielleicht hatte Niania schon einen Verdacht gehegt, dass Hanusia nicht mehr ihr getreues katholisch-jüdisches Mädchen war. Oder hatte sie endlich doch beschlossen, dass sie nichts mehr mit Juden zu tun haben wollte? Oder hatten vielleicht meine Eltern, die sich an all die Streitereien mit Niania vor dem Krieg erinnerten, sich nicht ernsthaft genug bemüht, sie zu überreden, dass sie sich ihnen anschloss?

Mutter und Vater erinnerten mich ständig daran, wie wichtig es sei, jüdisch zu sein. »Du solltest stolz sein«, wiederholte meine Mutter immer wieder. Es wurde zum Befehl. Sie hatten von mir verlangt, dass ich mir in der Schule die Erlaubnis holte, zum jüdischen Neujahrsfest zu Hause zu bleiben. Ein paar Mal ging ich mit meinen Eltern in die einzige Synagoge Stockholms. Es bedeutete mir nichts. Mir fielen bald Ausreden ein und es gelang mir, mich dem zu entziehen.

Ich war beinahe fünfzehn. Ich lernte, las Bücher und malte und zeichnete Bilder. Ich ging in Klavierkonzerte und ins Theater und drückte mich in Tanzlokalen an die Wand, zitternd und bangend vor dem Augenblick, an dem ein Junge auf mich zukommen und den Arm um mich legen und ich ihm auf die glänzende Tanzfläche folgen würde, um Foxtrott oder Walzer oder Swing zu tanzen. Endlich hatte ich Freundinnen. Ich wollte zu ihnen gehören, zu ihrer Welt. Zu einer Welt, die mir in jeder Weise leichter zu atmen gestattete, als ich es früher gekonnt hatte. Ich wollte nicht durch Loyalitäten und Pflichten in Anspruch genommen werden, die mich zurück in die Dunkelheit meines Lebens zerrten.

Sonntags sang ich im Alt des Chors der *Söderkyrka*. Der Musiklehrer meiner Schule leitete den Kirchenchor. Meine Eltern konnten nichts dagegen einwenden, weil ich sagte, das sei Teil des Musikunterrichts. Es war eine Ehre, mit drei anderen Mädchen meiner Klasse ausgewählt zu sein.

In der Söderkyrka sangen wir nicht lange nach Nianias Tod Mozarts Requiem.

Als ich den Mund öffnete, um meine Stimme mit denen der anderen zu verbinden, als die Noten und Melodien und Harmonien sich verflochten und hoch in das Dachgebälk stiegen, bis in die Winkel der großen Kirche, lösten sich das Nörgeln meiner Eltern über meine jüdische Identität, Nianias altes Misstrauen und ihre Überzeugung, dass Lutheraner auf dem Bild der Mutter Gottes herumtrampelten, auf und verschwanden ins Nichts. Im Leuchten der Kerzen und in dem Winterlicht, das durch die Fenster mit den getönten Scheiben fiel, im Brausen der Orgel hinter unseren Stimmen ließ ich meine Traurigkeit, meine ganz eigenen, geheimen Gedanken in meinen Gesang einfließen: »Lieber Himmel, schenke meiner armen Nianiusia ewigen Frieden.« Ich schlug kein Kreuz und ließ keinen Rosenkranz durch meine Finger gleiten, ich war weit weg von *Kościoł Mariacki*, von Krakau, von Polen, ich war ein Teenager in einem Gotteshaus in Stockholm in Schweden, und ich sang meiner lieben, schwierigen Niania, die ich nie, nie wieder sehen würde, ein letztes Adieu.

Stockholm, Schweden, und ich war sechzehn, als meine Eltern verkündeten, unsere amerikanischen Visa lägen bereit. Wir müssten in Kürze packen und abreisen. Ich fühlte mich hintergangen. Während ich Wurzeln geschlagen hatte, hatten meine Eltern Schweden nur als Durchgangsstation auf dem Weg nach Amerika betrachtet. Mein Bruder stand auf ihrer Seite. Ich konnte einfach nicht verstehen, warum die drei nicht für immer bleiben wollten, wo wir waren. Ich protestierte und weinte und tobte. Ich wollte mich nicht losreißen von den Freundinnen, der Schule, der reizenden Vertrautheit mit der Stadt, die ich lieben gelernt hatte, der Sprache, die mir leicht über die Zunge tanzte, und mich wieder ins Exil treiben lassen.

Am Hauptbahnhof, an dem ich knapp fünf Jahre zuvor an einem dunklen Wintertag mit Herrn Nillson zum ersten Mal in Stockholm angekommen war, nahm ich tränenreichen Abschied von meinen Freundinnen, meinen Lehrern und meinem ersten Freund. Ich versprach zurückzukehren. Sie versprachen zu schreiben. Wir alle versprachen, versprachen. Als der Zug, der mich an die Küste bringen würde, vom Bahnsteig abfuhr, wurde der Haufen von winkenden Schweden, die gekommen waren, mir Lebewohl zu sagen, kleiner und kleiner und entschwand meinen Blicken. Gegen den Protest meiner Mutter öffnete ich im Zug das Fenster und ließ mir von dem eisigen Wind die Tränen aus dem Gesicht peitschen.

Später an dem Tag stachen wir auf einem alten Überseedampfer in See; unsere Habe war im Bauch des Schiffes verstaut. Die neblige, winterliche Küste Westschwedens verschwand in der Ferne, und ich versuchte zu glauben, dass ich nicht für immer adieu gesagt hatte.

Nach zwei Wochen einer stürmischen Überfahrt standen wir im Sonnenlicht eines Wintermorgens an Deck und fuhren an der Freiheitsstatue vorbei auf die Postkartenansicht der schimmernden Skyline der großen Stadt zu. Brandneue Verheißungen und Befürchtungen drückten mir die Brust zusammen. Mein Verstand war verstopft von auswendig gelernten englischen Sätzen und vagen Vorstellungen von dem, was das Leben hier zwischen den riesigen Gebäuden und in unbekannten Straßen bringen würde. Auf der dafür zuständigen Zeile in meinem Pass stand unter meinem mit einem Siegel abgestempelten Foto meine Legitimation: *Affärselev,* kaufmännischer Lehrling. Zum Zweck der Einwanderung hatten meine Eltern ein weniger suspektes Ziel als »Kunststudentin« für besser gehalten.

Mit den ordentlich zusammengestellten Beweisen meiner neuen, nur bedingt nützlichen Fähigkeiten in einer Mappe aus Pappe, die mit Bindfaden zugebunden war, traf ich in New York City ein.

Epilog

Viele Jahre waren vergangen, als mein Bruder, amerikanischer Professor für Psychologie, zum ersten Mal seit dem Ende des Krieges wieder nach Polen fuhr. Es gelang ihm, Einzelheiten festzustellen, die erklärten, weshalb in einer dunklen Januarnacht ein zehnjähriges Mädchen und ein achtjähriger Junge unter den Scheinwerfern des Lagers Płaszów geschont wurden.

Als an jenem Weihnachtsmorgen unser Lastwagen mit der Plane aus dem Kloster abgefahren war, war Niania aufgebracht zum Nazihauptquartier gestürmt. Irgendwie hatte sie herausbekommen, dass unser Transport nach den Tagen im Montelupi-Gefängnis ins Arbeitslager Płaszów gebracht werden würde. Sie eilte zu Jadwiga, dem Dienstmädchen aus Onkel Samuels Haus. Jadwiga alarmierte ihren polnischen Verlobten, der in dem Lager für die Nazis arbeitete. Onkel Samuel wurde von den Nazis zur Planung von Brücken und Überführungen herangezogen. Der Lagerkommandant war von dem jüdischen Architekten und Ingenieur abhängig. Als wir nach Płaszów gebracht wurden, standen wir auf der Liste derjenigen, die erschossen werden sollten. Onkel Samuel bat den Kommandanten, die Kinder seiner Schwester zu schonen. Der Nazi ließ sich erweichen und machte ihm das Geschenk. Wir durften am Leben bleiben.

Onkel Samuels privilegierte Stellung erklärte auch, weshalb Raisa und ihre Mutter einen besonderen Aufenthaltsraum hatten. Sie erklärte außerdem das gute Essen, das uns Jadwiga über ihren Verlobten zukommen lassen konnte.

Noch ein halbes Jahrhundert danach schlummert in meinen Geschmacksknospen eine Erinnerung an den erstaunlichen ersten Bissen der in den kleinen Raum eingeschmuggelten Kost. Bis heute greife ich mir gern eine Scheibe Schinken direkt aus der Folie, wenn ich in einem amerikanischen Supermarkt eine Portion gekauft habe. Ich genieße es, den rauchigen, samtigen, zarten Speck zu kauen. Oder ich lege eine Scheibe auf eine Schnitte frisches Roggenbrot und streiche Senf darauf. Es gibt Zeiten in meinem Leben, wenn mein Überleben gar nicht bedroht ist, da greife ich zurück auf meine Erinnerung an jene Bissen Schinken, und einen flüchtigen Augenblick lang habe ich den Geschmack auf der Zunge.

Ich erinnere mich an meine Scham, weil ein junger Mann zusah, als ich nackt in einer Blechwanne in warmem Wasser stand, das mir nur eben über die Knie reichte, und von Raisa gewaschen wurde. Konnte dieser gut aussehende polnische Mann Jadwigas Verlobter gewesen sein?

Als mein Bruder nach Polen reiste, war Jadwiga eine muntere siebzigjährige Witwe. Sie fuhr mit meinem Bruder und seiner Frau zusammen nach Israel und wurde in Yad Vashem geehrt. Sie hielt eine schöne Rede auf Polnisch. Darin erzählte sie, wie sie als junge Frau vor dem grausamen, primitiven Leben in ihrem ländlichen Elternhaus weggelaufen war.

»Im Hause von Pan Samuel und Pani Bella«, sagte sie, »wurde ich zum ersten Mal nicht wie ein Tier behandelt. Ich liebte die Familie. Ich wünschte, ich hätte mehr tun können. Ich wünschte, ich hätte sie retten können.«

Wenn ich an jenem Januarabend 1945 auf dem Marsch aus Płaszów meiner Cousine Raisa vertraut hätte, wäre ihr Vater Samuel nicht im Lager Bergen-Belsen totgeschlagen worden. Ihre Mutter Bella wäre nicht am Fieber gestorben. Jadwiga war an der verabredeten Stelle gewesen, um sie abzuholen. Und Niania war da gewesen, um uns zu holen. Weil die Zehnjährige Angst hatte und jedem misstraute, konnten sie mich nicht überreden, ohne meinen Bruder auszubrechen. Meine Cousine blieb auf dem Marsch an der Seite ihrer Mutter. Hoffnungslos. Hoffnungsvoll.

Woher hätte ich in jener Januarnacht wissen sollen, dass die Nazis überall außer in Polen und Teilen Osteuropas geschlagen waren? Dass sie samt ihren Gefangenen vor der russischen Armee flohen, die schnell näher kam, durch Polen auf Deutschland zumarschierte, wo die Amerikaner aus dem Westen heranrückten? Wussten die Erwachsenen das? Jahre nachdem der Krieg vorbei war, erfuhr ich, dass Krakau wenige Tage nach unserem Marsch aus Płaszów befreit worden war. Warum machten sich diese müden Nazis die Mühe, uns mitzuschleifen und festzuhalten, bis die Lager befreit wurden? Was ich an jenem Abend nur wusste, war, dass es dunkel war, dass wir uns im Wald befanden, dass mein Bruder nicht bei mir war, und dass wir umgeben waren von Bewachern, die immer bereit waren zu schießen.

Raisa hat überlebt. Sie ging nach Israel. Sie heiratete einen anderen Überlebenden, einen Malermeister. Sie haben einen Sohn und eine Tochter. Auf einem Foto mit ihren erwachsenen hübschen Sabra-Kindern neben sich sieht die stämmige, derbe Frau mit dem kurz geschnittenen Haar, eine jüdische Frau in einem jüdischen Land, gelassen in die Kamera.

Mehr als fünfzig Jahre sind vergangen, seit ich die Zeit und die Orte der gefürchteten Wörter *Deportation, Konzentrationslager, liquidieren* überlebt habe. Zeitungen und Fernsehprogramme sind voll von

Erinnerungen an jene Jahre. Es gibt Dokumentarfilme und Diskussionen und Gedenkstätten und unzählige herzzerreißende Berichte von dem, was während dieser Jahre des Terrors und des Hungers und der Demütigung geschehen ist. So viele Menschen, denen es gelungen war, diese Zeiten zu überleben, sind inzwischen tot. Meine Mutter und mein Vater sind tot. Sie liegen Seite an Seite auf einem bescheidenen, stillen Stück Erde auf einem Friedhof in New Jersey begraben.

In Amerika habe ich von den Menschen, die um mich herum sind und die mir nahe stehen, zu lernen versucht, wie das Leben zu leben ist ... Mit Familie und Freunden habe ich freudvolle Zeiten erlebt und Kummer und Traurigkeit und Verrat, Zeiten, die mich niedergedrückt, aber mir auch Kraft gegeben haben. Die Arbeit hat mir große und vielfältige Befriedigung gebracht. Musik, Theater, Bücher und das Spiel mit Wörtern der englischen Sprache stürzen mich immer wieder in ein ständig wechselndes Kaleidoskop von Überraschungen.

Wenn ich als Amerikanerin durch Europa reise, bin ich eine Touristin, die sich berühmte Orte ansieht, die zu sehen ich keine Chance hatte, bevor ich Amerikanerin wurde. Wenn ich nach nur ein paar verdösten Stunden in einem Düsenflugzeug aus New York in London oder Paris oder Rom lande, denke ich an die heimliche Fahrt in einem Heuwagen, die Flucht aus Nianias Dorf in dem alten Zug und an die paar Schritte eines Schrecken erregenden Weges über eine Brücke, der damals als gefährlich große Distanz vor uns lag. Wenn ich am Flughafen durch die Passkontrolle gehe, lege ich meinen amerikanischen Pass einem gelangweilten uniformierten Beamten vor, der in einer sauberen Zelle aus Plexiglas sitzt, mich kaum anschaut, wenn er *good morning* sagt oder *bonjour* oder *buon giorno*, und nicht mit einem Gewehr auf mich zielt. Und ich denke voller Trauer an jene Zeit, in der eine Kontrolle mit gefälschten Papieren zu passieren Entrinnen oder Gefangennahme bedeuten konnte, Leben oder Tod. Wenn ich in Europa gefragt werde, woher ich komme, freue ich mich sagen zu können: »Ich bin Amerikanerin.« Und egal wie viel Spaß ich als Touristin gehabt habe, ich bin froh, wenn ich adieu sagen und heimkehren kann.

Ich bin nie wieder in Polen gewesen. Ich habe nicht den Wunsch, auf den konservierten Überbleibseln von Auschwitz oder Płaszów oder Ravensbrück zu stehen, als besuchte ich eine Touristenattraktion wie die London Bridge oder das Forum Romanum oder den Eiffelturm.

In mein geliebtes Schweden bin ich jedoch zurückgekehrt. Ich spreche immer noch Schwedisch. Aber diese Sprache, die ich so gut gesprochen habe, als ich als junges Mädchen die ersten zivilisierenden Schritte tat, muss immer erst wieder aus ihrem Dornröschenschlummer geweckt werden.

Wenn mich in meinem Leben als Erwachsene die Möglichkeit zu wählen hierhin und dorthin zieht und zerrt, denke ich an die stille, anständige Einfachheit jener Monate, die ich in dem schwedischen Sanatorium verbracht habe. Ich hatte nie zuvor solchen Frieden kennen gelernt. Polen. Krieg. Die Nazis. Niania. Was für eine exzentrische, fanatische Persönlichkeit sie gewesen war, verstand ich erst, als ich älter war und eigene Kinder hatte. Schon bevor die Deutschen kamen, hatte ich gelernt, Nianias religiöse Inbrunst, ihre Kopfschmerzen, ihr Weinen, die Verworrenheit ihrer übertriebenen Liebe zu meinem Bruder und mir zu akzeptieren. »Was für hübsche kleine Füßchen«, murmelte sie etwa. »Was für süße gebogene Augenbrauen.« Manchmal kam sie zu dem Schluss, dass jemand mich mit dem bösen Blick angesehen hätte. Dann leckte sie mir schnell mit der Zunge über die Augen, was einen klebrigen Film von Spucke auf meinem Gesicht hinterließ. Niania ließ uns niemals wirklich vergessen, dass wir nicht getauft waren, dass wir jüdische Kinder waren. Sie betete die Heilige Mutter Gottes an, misstraute Juden, aber sie beschützte meinen Bruder und mich mit dem Flügelschlag eines wahnsinnigen Engels.

Ich bin jetzt Großmutter. An jenem Oktobernachmittag 1939 in Krakau, als ich noch eine Großmutter hatte, als ich nichts von Fahrten in Viehwaggons wusste, war ich fünf Jahre alt. Ich war zehn, als ich selbst zum Transport in einen Viehwaggon stieg. Ich denke an meine Großmutter in einem dieser Züge. Höchstwahrscheinlich war sie von meinem Großvater getrennt worden, sie muss eingezwängt gewesen sein, selektiert, mit Hunderten anderer Frauen in eine Baracke gestoßen, angebrüllt, gezwungen, sich auszuziehen. Irgendwo war die alte Frau, die ihre Töchter anständig Deutsch hatte lernen lassen, von strammen jungen deutschen Soldaten nackt herumgeschoben und gedemütigt worden. Vielleicht wurde sie auch nur gezwungen, beim Anstehen dafür zu sorgen, dass die Schlangen sich ordentlich voranbewegten. Oder wurde sie über den Boden geschleift wie die Frau in unserem Transport aus Płaszów? Ich sehe es vor mir. Ich werde es nie wissen.

Was ist schließlich noch zu sagen? Ich wurde weit, weit weg auf einem mörderischen Kontinent in einer schrecklichen Zeit geboren. Ich lebte eine Weile dort. Jetzt lebe ich hier. Meine Liebe zu diesem Land nimmt mit meinen Jahren zu. Mein Leben ist gut gewesen. Ich will mehr.

Meine Geschichte ist nur eine von vielen.

Danksagung

Zunächst einmal bin ich den Autoren in der Gruppe um Jill Hoffman dankbar, deren scharfsinnige Kommentare als früher, ermutigender Antrieb beim Schreiben dieses Buches dienten. Danke, Jill. Und Jennifer Belle, Doug Dorph, Shannon Hammann, Alice Jurish, John Penn, Shelley Steenhouse, Robert Steward, Emily West und Harry Waitzman.

Vielen Bibliothekaren und Lehrern möchte ich danken, die, nachdem sie komprimierte Fassungen über den Beginn meines Lebens gehört hatten, unzählige Male sagten: »Sie sollten wirklich darüber schreiben.«

Einen warmen Dank all meinen Freunden in der Richland County Public Library in Columbia, South Carolina, vor allem Ginger Shuler, Leslie Barban, Judy McClendon und David Warren, die zu den Ersten gehörten, die mich bei einer Veranstaltung in ihrer Bibliothek Auszüge lesen hörten.

Ein besonderer Dank gilt meinen Freunden Emily McCully, Elizabeth Diggs, William Grey und Virginia und Tom Smith, denen ich Stücke und Teile vorlas und die mich drängten weiterzumachen. Meinen Freunden Ruth und John Rublowsky und Nancy und John Berry, die mir alle zugesetzt haben, ich sollte dranbleiben. Meinen Freunden Barbara Flood, Joseph Myers und Bill Tivenan, die sich bereitwillig meine Beschwerden und mein Stöhnen anhörten. Sowie Alison Courtney Holt und John Threadgill.

Meinem lieben Freund Allan Manning, der weise Dinge über Bücher und Schreiben äußerte, als ich voller Zweifel schwankend wurde.

William Giles, der immer humorvoll, aufmunternd und vertrauensvoll, gelassen und geduldig Vorschläge und Hilfe anbot für die Schaffung vorzeigbarer und ordentlicher Manuskriptseiten.

Warmen Dank Dr. Verne Moberg und Professor Anna Frajlich-Zajac von der Columbia University in New York City für ihren fachmännischen Rat bei Fragen des deutschen, schwedischen und polnischen Sprachgebrauchs und Übersetzungsproblemen.

Wie immer möchte ich all meinen Kollegen und Freunden beim Verlag Greenwillow Books danken: Lori Benton, Jazan Higgins, Virginia Duncan, Tara Filaski, Phyllis Larkin, Sylvie Le Floc'h, Robin Roy, Amira Rubin, Elizabeth Shub, Barbara Trueson und Ava Weiss.

Und schließlich ein überraschtes Danke meiner großen Freundin, Lektorin und Verlegerin Susan Hirschman, die ja gesagt hat.

Helga Hegewisch
LAUF, LILLY, LAUF!

Einbandgestaltung: Buchholz/Hinsch/Hensinger. 320 Seiten
ISBN 3-85535-932-6

Sie sind zwei sehr unterschiedliche Freundinnen – Lilly, die in einer an das Nazi-Regime gebundene Familie aufwächst, und Isabella, deren Vater als Kommunist in einem KZ interniert ist. Das Erwachsenwerden erleben Lilly und Isa in einer Zeit politischer Umorientierung. Der Sommer des Jahres 1945 bringt für Lilly und Isa den Abschied, aber auch einen neuen Anfang.

„Ein Zeitzeugnis von bemerkenswerter Authentizität."
Süddeutsche Zeitung

„Ein wunderbares Buch. Anschaulich und glaubwürdig wird hier Geschichte erzählt."
Focus

„Helga Hegewisch hat einen bemerkenswerten Roman geschrieben ... mit Szenen und Figuren, die man so schnell nicht wieder aus dem Kopf kriegt."
Die Zeit

DRESSLER